D1659357

# Die Wurzeln der Leute reichten bis zum Mittelpunkt der Erde

mitteldeutscher verlag

**40** JAHRE NEUES THEATER

# Zu diesem Buch

»Neu« ist dieses »neue theater« seit nun mittlerweile 40 Jahren als sehr besondere »Kulturinsel«, für deren Struktur im Herzen der Stadt und im deutschsprachigen Theaterraum kaum vergleichbare Orte zu finden sind.

Der Initiator, Bauherr und Prinzipal Peter Sodann überschrieb den eigenwilligen Portikus am Bühneneingang seinerzeit mit den weisen und ebenso streitbaren Worten eines alten spanischen Dichters in lateinischer Sprache: »Was du nicht selber tust, das tut für dich kein anderer.«

Gemäß diesem Motto haben außergewöhnliche Frauen und Männer dieses außergewöhnliche Theater aufgebaut, ermöglicht, begleitet oder sind aus ihm hervorgegangen. Ihre Geschichten möchten wir, die Herausgeberinnen und Herausgeber dieses Buches, durch vierzig Porträts in Bild und Text kenntlich werden lassen.

Entstanden sind Bild und Text durch die Fotografin Katrin Denkewitz und den Radio- und Zeitungsjournalisten Michael Laages. Die ausgewählten Zeuginnen und Zeugen eines ständig währenden Ringens um die Existenz des Theaters in seiner Stadt wurden dazu eingeladen, weniger dem 40. Geburtstag durch Glückwünsche Ausdruck zu verleihen, als vielmehr von Empfindungen, Verletzungen, Erfolgen und auch Misserfolgen, von Opfern und Gewinnen, von Enttäuschungen und Glücksmomenten zu berichten. So entstand eine Ahnung davon, was 40 Jahre mit diesem neuen theater für die Stadt Halle und über sie hinaus bedeuten.

Lassen Sie sich von den Porträts dieser unterschiedlichsten Menschen überraschen und unterhalten! Nehmen Sie Anteil an ihren beschriebenen Konflikten, an ihren Bekenntnissen, Geständnissen, ihrem Vergnügen, ihrer List und ihrer Lust im Streit um die Zukunft der Künste und um das Theater überhaupt. Denn dieses hat seinen Platz vor allem in den Herzen unseres Publikums.

Die Herausgeberinnen und Herausgeber

# Alles könnte anders sein

## ALINE BUCHER

Von zu Hause aus Zürich kam ich zu meinem ersten Vorsprechen an die Folkwangschule nach Essen. Kurz vor dem Abschluss bin ich für zwei Produktionen nach Senftenberg entsandt worden und habe dort »Die Dreigroschenoper« und »Das Wintermärchen« gespielt – und Bewerbungen geschrieben. Das nt lud mich sehr schnell zum Vorsprechen ein; es war wieder das erste, und mir hat's sehr gut gefallen. Manchmal hat man das Gefühl, dass man sich überhaupt nicht verstellen muss. Sie haben mich gefragt, ich habe spontan geantwortet. Sie haben gelacht. Ich habe gelacht. Und dann war's Halle. So einfach war das.

Das erste längere Gespräch, das ich hier hatte, war mit Maik aus der Tonabteilung, und er hat mir viel über die Geschichte des Theaters erzählt: Wie intensiv und prägend die Zeit des Intendanten und Gründers Peter Sodann war, auch dass er das Theater zum Teil mit Mitteln geführt hat, die wir jetzt ablehnen würden – aber er muss eine schillernde, inspirierende Figur sein; seine Vision für das neue theater löst Bewunderung aus. Auch

die »Älteren« im Ensemble sind sehr besonders – sie reden wie Geschwister miteinander, so ungefiltert, es wirkt fast so, als würden sie alles voneinander wissen. Natürlich kann ich mir heute nicht vorstellen, vom ersten Tag des Engagements bis zur Rente an einem Theater zu bleiben – aber warum eigentlich nicht?
Ich hätte schon den Wunsch, Halle auch außerhalb der Theatermauern zu bespielen. Die Stadt gibt mir bisher das Gefühl, dass hier viel möglich ist; ich habe viele politisch aktive und interessierte Menschen getroffen. In einer Stadt wie dieser müssten wir eigentlich jeden Montag den Marktplatz bespielen – um den Ort nicht Rechtsextremisten und deren Hetze zu überlassen. Ich möchte gern, dass das Theater mutig ist, im Bewusstsein, dass wir zusammen dieses Theater gestalten – als Modell für Gesellschaft, auf der Bühne und hinter der Bühne. Im Theater kommen wir zusammen für ein gemeinsames Projekt, und wenn es gut läuft, hat das große Kraft. Ich habe immer das Plakat einer alten Peymann-Inszenierung in Erinnerung, mit dem Schriftzug: »Theater ist schöner als Krieg«.
Ich meine, Theater hat einen politischen Auftrag. Ich habe in Essen Musical studiert – und es hat mich extrem gestört, dass im Musical fast nichts politisch hinterfragt und überprüft wird. Wir haben im Studium versucht, ein bisschen aufzuräumen mit dem kommerziellen Musical – mit den Vorurteilen der Kunstform gegenüber, aber eben auch mit diesen unpolitischen Haltungen.
Dabei ist Theater ingesamt noch fest verankert in alten Strukturen, es gibt noch reichlich Rassismus und Sexismus – das müssen wir thematisieren im Theater selber; und Diversität im Theater fordern: diverse SchriftstellerInnen, diverse RegisseurInnen, Diversität in den Leitungsfunktionen – überhaupt: in allen Bereichen.

So, wie wir jetzt leben und Gesellschaft denken, können wir nicht weitermachen; und ich erwarte sehr viel Veränderung von der Welt. Müssen Profite immer weiter steigen? Wollen wir immer mehr konsumieren? Finden wir es in Ordnung, dass ein Prozent der Weltbevölkerung mehr besitzt als alle anderen 99 Prozent zusammen? Wollen wir uns und unsere Umwelt immer weiter ausbeuten? Wie können wir zulassen, was den geflüchteten Menschen an den Außengrenzen der EU angetan wird?

Ja, ich weiß, wir machen Kunst und keine Politik, aber ich hoffe, dass das Theater in den Menschen Leidenschaft entfachen kann, die Veränderung anregt und vorwärtsbringt. Wir brauchen sinnliche Ausdrucksformen, um mit diesen Erfahrungen umzugehen. Es ist wichtig, der patriarchalen Kultur und der Unterdrückung von Gefühlen etwas entgegenzuhalten und Raum zu schaffen für Empathie und Emotionalität.

Ich wünschte mir mich selber manchmal ein bisschen dreister, radikaler. Und ich frage mich oft: »Macht es Sinn, Theater zu spielen?« Aber nach dem ersten Besuch im Theater wusste ich: Das will ich auch. Und schon beim Spielen als Kind hatte ich oft das Gefühl, dass das mit einer Sehnsucht zu tun hat, dass alles anders sein könnte.

**ALINE BUCHER** / 1996 in Zürich geboren / erste Erfahrungen auf der Bühne am Theater Luzern / Studium an der Folkwang Universität der Künste in Essen / erste Arbeiten in Senftenberg / seit Beginn der Spielzeit 2020/2021 am nt in Halle engagiert

# Mir hat nichts gefehlt

ELKE RICHTER

Ich bin 1983 ans neue theater gekommen; offiziell natürlich noch ans »Theater des Friedens«. Ich kam aus Cottbus, das Theater dort kannte ich aber gar nicht. In den ersten zwei Jahren in Halle bin ich noch im Kostüm zwischen den Häusern hin und her gelaufen, weil wir noch im Opernhaus, aber auch schon im neuen theater gespielt haben. Ich hatte gleichzeitig acht Stücke. Ich bin als junges Mädchen hierher gekommen, und jetzt bin ich im Großmutteralter. Wenn man das heute jemanden erzählt, fassen sich alle an den Kopf. Wir sind die letzten Mohikaner. Und das finde ich gut!

Mit neunzehn Jahren, gleich nach dem Abitur, habe ich angefangen, in Berlin zu studieren. Ich hatte gar keinen anderen Plan. Natürlich war es damals schwer, ich konnte nicht einfach ins Theater gehen. Ich komme aus einem sehr einfachen Elternhaus, das mit Theater gar nichts zu tun hatte. Meine Mutter sagte immer, wenn ich ihr erzählte, dass ich zum Theater möchte: »Theater haben wir genug zu Hause.« Wir waren fünf Kinder, und die Mäuler mussten gestopft werden. Ich bin sehr naiv und unbefangen gewesen, und diese Naivität ist mir nicht immer gut bekommen im Laufe des Lebens. Aber damals wusste ich noch nicht, dass ich so viel Begeisterung und Leidenschaft in mir hatte. Das kriegt man erst später raus. Ich war auch in keiner Theater-AG oder so, ich war allerdings gerne der Klassenclown. Schüchtern war ich nicht, bin ich bis zum heutigen Tag nicht. Aber so reflektiert wie die Jugend heute waren wir nicht.

Mit siebzehn, als ich noch zur Schule ging, hatte ich mich in Leipzig beworben, wo ich leider nicht genommen wurde, aber dann zwei Jahre später in Berlin. Dort wurde ich dann aber leider sehr schnell exmatrikuliert, aus … ich sag mal: unerfindlichen Gründen.

Aus heutiger Sicht hatte das mit Macht und Machtmissbrauch zu tun – einen jungen Menschen so zu brechen, nur weil er nicht ins Bild passte … ich war damals etwas korpulenter, ein sehr strammes, schönes junges Mädchen, und gehörte nicht zur Kategorie »blond, schön, schlank«; was damals wie heute ein Thema war. Und nun wollte die Tochter eines bekannten Schauspielers gerne Schauspiel studieren, und ich glaube, ich musste meinen Platz für sie freigeben. Ich bekam einen ganz merkwürdigen Brief, worin beschrieben wurde, was ich alles nicht kann. Für mich war das sehr schlimm.

Direktor war Hans Peter Minetti, und mein Fall war prominent, weil mein ganzer Jahrgang prominent war, bis zum heutigen Tag. In meinem Studienjahr waren zum Beispiel Matthias Brenner, Thomas Rühmann, Michael Kind, Manuel Soubeyrand, Franziska Hayner. Und doch konnte man mit uns machen, was man wollte. Ich hatte mein Grundlagenseminar bei Professor Penka; der wurde krank, und man nutzte die Gelegenheit, mich rauszuwerfen. Als er wieder gesund war, kam er zu mir und meinte: »Mein Gott, Elke, was haben sie denn mit dir gemacht?« Sie wollten mich auch politisch festnageln, weil ich in Staatsbürgerkunde, in Marxismus-Leninismus, nur eine Drei hatte; vielleicht hatten sie auch ein Auge auf mich, weil mein Vater 1975 schon in den Westen ausgereist war. Aber sie hatten nichts, rein gar nichts. Ich war ein unbeschriebenes Blatt aus Cottbus, die Mutter Postfrau; ich war nur das kleine dicke Mädchen, das Theater spielen wollte. Und musste nun über die Klinge springen.

Als wir am nt 2015 »Die Stunde der Komödianten« probten, einen biografischen Abend von und mit diesem Studienjahrgang, kam Michael Kind auf mich zu und meinte: »Elke, dass Sie dich damals rausgeschmissen haben, finde ich immer noch unmöglich!« Und ich sage: »Micha, was fängst du jetzt, nach so langer Zeit, immer noch damit an? Ich bin ja jetzt da. Ich bin jetzt auch wieder mit euch zusammen, und wir spielen zusammen Theater. Ich bin jetzt da, wo ich immer sein wollte.« Aber er meinte: »Du hättest doch eine ganz andere Biografie gehabt!« Da habe ich ein bisschen gestutzt und bin etwas traurig geworden. Manchmal schaue ich mir ja bekannte Schauspielerinnen aus meinem Jahrgang an und denke mir schon, dass hie und da auch Platz für mich gewesen wäre. Aber es war auch immer meine Lebensentscheidung, in Halle zu bleiben. Auch wenn viele zu mir sagen: »Wie kann man nur so lange an einem Haus bleiben, wie kann man das aushalten, da ist doch überhaupt keine Entwicklungsmöglichkeit, man muss doch mal raus?!« Das habe ich für mich aber nie so empfunden. Entwickeln kann man sich. Und es ist meine Biografie. Ich bereue nichts.

Als wir in der DDR frisch aus dem Studium kamen, hatten wir nicht so viele Möglichkeiten. Es gab fünf A-Theater. Die Absolventen der Berliner Schauspielschule haben oft an diesen Theatern Verträge bekommen. Und wir hatten drei Jahre an den jeweiligen Theatern zu bleiben. Das stand im Vertrag. Keine schlechte Sache, finde ich. Mit vielen Fragen: Wie ist es in der Gemeinschaft? Wie ist die Struktur am Theater? Wie sind die Abläufe? Wie ist es, im Ensemble zu arbeiten? Mit Jung und Alt, mit verschiedenen Meinungen? In welche Richtung willst du gehen? Manche wollten dann in Richtung Film, aber wer an den Berliner Theatern arbeitete, Deutsches Theater, Berliner Ensemble, Volksbühne oder Maxim Gorki Theater, war eigentlich schon an der Endstation. Auch Halle war ein großes

Theater, gehörte auch zu den A-Theatern. Für mich war und ist das künstlerische Heimat. Wenn ich heute einem Schauspielstudenten sage: »Ich brauche eine Heimat«, dann sagt der: »Was willst du denn mit Heimat? Ich will hier nur kurz hineinschnüffeln, und dann bin ich wieder weg! Dann will ich Film machen, und überhaupt: ausprobieren!« Wir waren halt anders. Das dürfen wir nie vergessen – ich, dieses Studienjahr und meine Generation, wir haben zwei Gesellschaftsordnungen miterlebt. Auch als Schauspieler.

Ich habe immer alles aus mir selber geholt und hatte einen starken Spielgeist; den habe ich nie verloren in fast vierzig Jahren – dass man auf der Bühne steht und dabei ein Gefühl der Erfüllung empfindet. Ich bin ein Mensch, der von innen nach außen lebt. So arbeite ich auch. Ich habe die ganzen Ästhetiken und Methoden des Theaters nie mitgemacht. Gut: mitgemacht; aber ich musste es für mich begründen können. Warum ich mich da und da ausziehen sollte, warum ich das und das machen sollte – ich muss alles hinterfragen. Im Laufe der Jahre habe ich gelernt, Ruhe zu finden und sie einzusetzen. Das hat mich wahrscheinlich auch gerettet – diese Leidenschaft, durch die man nie zur Ruhe kommt, immer auf der Überholspur ist und doch immer nur aus sich selbst schöpft. Das hat auch mit Selbstzerstörung zu tun. Deswegen muss man die Balance halten zwischen Selbstbewusstsein und Selbstzerstörung. Dieses »von innen nach außen« hat mich gerettet. Aber so viele Dinge sind mir nicht vertraut – woher soll ich eine »Medea« nehmen? Und ich verstehe die Texte von Frau Jelinek nicht. Was will sie mir erzählen? Was ich von ihr verstanden habe, ist ihr Innerstes: Was treibt diese Frau an, diese Dinge zu schreiben, auch wenn ich sie nicht verstehe. Ihre Zerrissenheit habe ich verstanden. Und sie sagt: Ich stelle Material zur Verfügung, macht was draus. Das kann sich nicht jeder Autor leisten. Das ist eine tolle Grundlage. Darauf kann man aufbauen.

Ich arbeite von innen nach außen, gut, aber es gibt natürlich auch Rollen und Stücke, wo man etwas ausstellen muss. Doch dann weiß ich, dass das ein Mittel ist. Trotzdem möchte ich verstehen, was ich mache. Ich bin eine Geschichtenerzählerin, und das möchte ich bleiben. Ich bin kein Hampelmann, ich bin auch keine Marionette für irgendwen. Ich möchte, dass mit mir die Geschichte lebt.

Peter Sodann war ein Intendant, ein Schauspieldirektor, der seine Leute überhaupt nicht gehen lassen wollte. Du warst der Verräter, wenn du gegangen bist. Ich hatte das Gefühl, das ging fast mit einer persönlichen Backpfeife einher. Er war richtig beleidigt. Es hing auch viel mit seiner Persönlichkeitsstruktur zusammen, und damit, wie er das Theater geleitet hat.

Es gab ja Unterschiede zwischen anderen Kolleginnen und Kollegen und mir, andere haben in den Anfängen hier eine extrem intensive Zeit erlebt, mit viel Sex 'n' Drugs 'n' Rock 'n' Roll; daran musste ich mich erst gewöhnen. Schon am Mittag saufen – mir war durchgehend schlecht, weil ich als junges Mädchen nichts vertragen habe. Da gab es Gruppendruck, und wenn jemand aufgestanden ist, um nach Hause zu gehen, wurde man angeraunzt: Hinsetzen, Hierbleiben! Sodann wollte seine Schafe beisammen halten, nicht dass da ein Schaf wegläuft und ausschert. Jeden Abend hat uns »der Vati« Gutenachtgeschichten erzählt, und wir haben alle zugehört. Ich hatte schon Angst. Die ersten Jahre bin ich bibbernd zu den Proben gegangen, ich hatte als junge Frau die Hände an der Hosennaht. Ich habe scherzhaft gesagt: Ich war wie ein kleiner Soldat für die Kunst. Ich bin ja auch so erzogen worden. Ich war Pionier, ich war in der FDJ – als dann die Wende kam, hat man gedacht: »Krass, was ist denn das jetzt?« Ich hatte mich hier nicht abgefunden, aber ich hatte mich eingelebt. Ich habe die Sehnsucht nach etwas anderem gar nicht erst aufblühen lassen. Mir hat nichts gefehlt.

Zwischendurch hieß es, und das hat mich schon getroffen, dass wir Museumsschauspieler sind. Und als Sodann gegangen wurde, waren wir die absoluten Verräter – weil wir nicht mitgegangen sind. Innerlich hat er erwartet, dass wir für ihn kämpfen. Er fühlte sich insgesamt verraten. Von allen. Ich glaube, das ist bis zum heutigen Tag so. Aber ich habe nicht daran gedacht, auch zu gehen – hier ist mein Zuhause, mein Zuhause wurde nur umgebaut. Das Wohnzimmer wird noch mal neu tapeziert, und es kommen noch mal andere Möbel. Mit dieser Offenheit bin ich in diese Zeit gegangen. Und so ging es mir bei der Wende auch. Ich war froh, ein Standbein hier zu haben, weil alles so neu war. Das hat doch auch Angst gemacht. Ich bin ein Mensch, der braucht Sicherheit im Leben.

Ich habe das damals so beschrieben: Ich war immer die, die am Bahnhof blieb und gewunken hat. Da war viel Abschied, viel Verlust. Letztlich habe ich in den vergangenen vier Jahrzehnten am nt eine Menge Begegnungen und Beziehungen gehabt, die ich nicht missen will; sie machen mich und mein Leben aus, nicht zuletzt die Begegnung mit dem Publikum über so eine lange Zeit. Dafür bin ich dankbar. Es gibt Leute, die mit mir groß, um nicht zu sagen: alt geworden sind, die würden bestimmt eine ganz andere Geschichte erzählen, obwohl wir quasi in der gleichen Wohnung wohnen.

Trotz aller Unterschiedlichkeit hängen wir doch an einem gemeinsamen Geist, dem Theater-Geist; den, finde ich, müssen wir unbedingt erhalten. Denn die Grundlage für alles ist Gemeinschaft. Wir sind soziale Wesen. Das Einzige, was wir nicht überwinden können, ist der Tod. Das ist ganz einfach.

**ELKE RICHTER** / stammt aus Cottbus und gehört seit 1983 zum nt-Ensemble

# Ich kriege immer noch Gänsehaut, wenn ich dieses Theater betrete

## THOMAS BADING

Nach Halle kam ich direkt von der Schauspielschule, beziehungsweise vom Chemnitzer Theater, an dem die Praxisjahre des Studiums in Leipzig stattfanden. Ich war Chemiker. Und Peter Sodann fragte: »Was hast du denn für einen Beruf gelernt?« Ich sage: »Naja, Schauspieler« ... »Nee, was du für einen richtigen Beruf gelernt hast!« – Ich sage: »Chemiker.« – »Na, was soll ich denn mit einem Chemiker? Kannst du eine Schippe in die Hand nehmen?« – »'ne Schippe? Ja, klar.« – »Gut. Bist engagiert.« Wirklich, so war das Gespräch. Man war da schon ein bissel entsetzt.

Ich war ein sensibler, zarter Junge, der von der Schauspielschule kam und dachte: Worauf lasse ich mich hier ein? Ich hatte zuvor eine schöne Inszenierung gesehen, »Die Dreigroschenoper«, sehr fein, sehr schön – und dann kam dieser Ton, dieses Verhalten. Und so war auch die erste Probe, gleich mit Katrin Sass als Liebespaar. »Barby« hieß das Stück, von Rudi Strahl und Peter Hacks – ein sehr politisches Stück. Mein erster Auftritt ging so: Katrin Sass macht mir eine Tür auf, und ich muss »Hallo« sagen. Die hatten vorher schon probiert, eine Stunde lang. Dann kam ich, und sagte: »Hallo!« Und Sodann sagte: »Oh Gott, jetzt machen wir erst mal Pause.« Ich bin sowas von im Boden versunken. Ich dachte, das lag an mir. Weil ich das »Hallo!« nicht richtig gesagt habe. Ich habe dann tagelang »Hallo!« geübt, damit ich über die Runden komme. Ich hatte ja auch Respekt vor Katrin Sass.

Sodann spielte selbst mit, saß als Thälmann wie eine Wachsfigur im Rollstuhl. Alle dachten, das ist tatsächlich eine Wachsfigur, die hört nicht mehr zu, aber er, als Peter Sodann, hörte natürlich genau zu, wie die Welt läuft. Und irgendwann springt er dann am Ende des

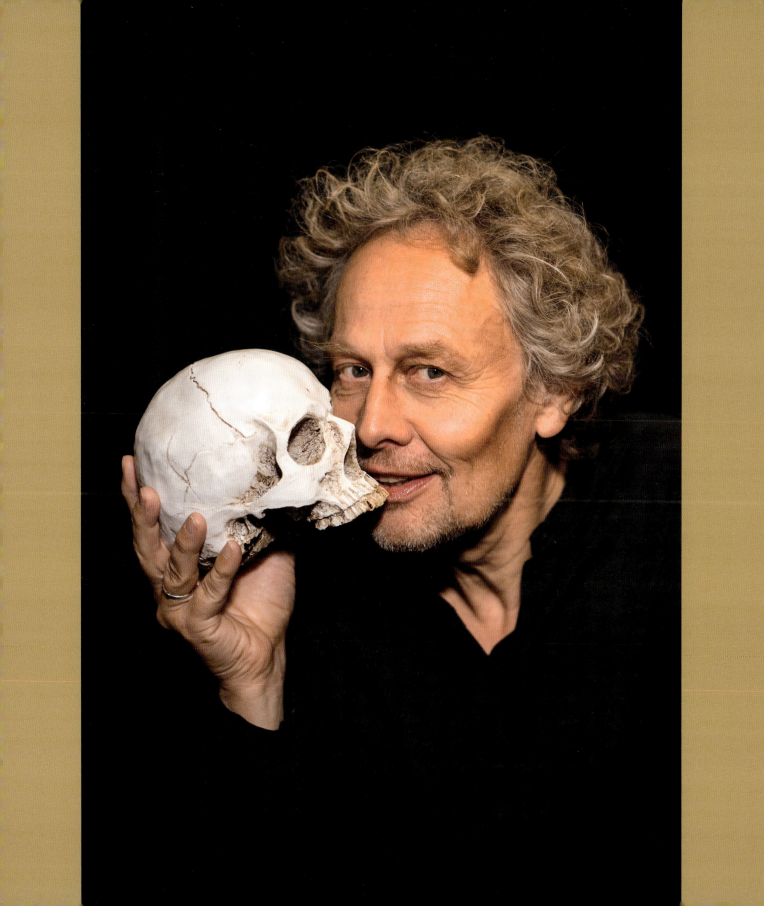

**40** JAHRE NEUES THEATER

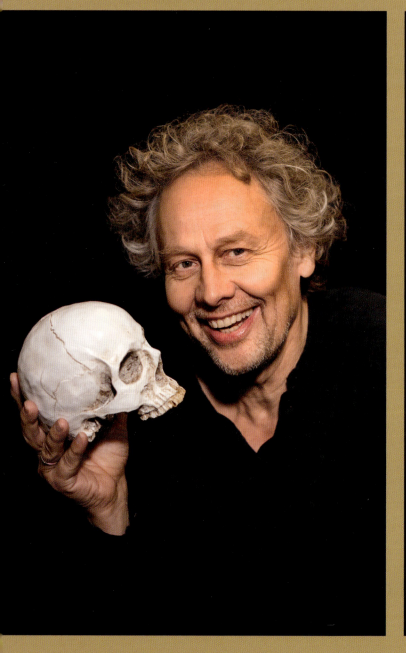

Stückes auf, scheißt alle zusammen auf der Bühne und sagt: »Ihr Idioten! So war das überhaupt nicht gemeint! Die DDR! Der Sozialismus war ganz anders, wir haben das ganz anders gewollt.«

Mein persönlicher Weg war ja nicht: Ich kam, sah und siegte. Sondern ich kam an, spielte mit Katrin Sass die »Hallo«-Rolle und danach erstmal nichts, nur ganz kleine Rollen. Ich musste durch vieles durchgehen, bevor »Amadeus« kam. Und ich weiß nicht, inwieweit das Absicht war vom Peter: dass er mich wirklich getestet hat, geprüft.

Für »Der Auftrag« von Heiner Müller wurde ich, mit Frieder Venus übrigens, schwarz angemalt, kurz bevor das Publikum eingelassen wurde. Dann knieten wir etwa eine halbe Stunde an einem Gitter. Die anderen Schauspieler spielten. Und wir standen da. Schwarz. Ich meinte: »Da habe ich vier Jahre studiert, um jetzt 'ne halbe Stunde zu knien und dann zu bellen, das ertrage ich nicht.« Darauf Frieder: »Ach, das schaffen wir schon.« Dann wurde das Gittertor aufgemacht, und wir mussten bellend, auf allen vieren, um den Hauptdarsteller herumkriechen. Der knallte mit einer Peitsche – Hilmar Eichhorn war das! Mit solchen Rollen ging es weiter nach »Barby«, und ich dachte: Nee, also dafür bin ich nicht hier. Wir mussten ja auch kellnern bei den Revuen.

Wir waren nicht nur Schauspieler, wir waren auch Techniker, Servicepersonal, Kleindarsteller, Handwerker – wir waren alles. Am Anfang war's ein bisschen komisch, aber es war auch toll. Und dann kam halt »Amadeus«. Da ging die Post ab. Und nach »Amadeus« kam »Hamlet«. Da hat mich Sodann schon gefragt, was ich denn gerne spielen möchte.

Neben Sodann konnte sich als Regisseurin nur Hella Müller halten; wahrscheinlich, weil sie genau so verrückt war wie Sodann. Wenn irgendwas nicht funktionierte, dann schmiss sie sich auf die Erde wie ein Kind und schrie, kloppte mit den Fäusten auf den Boden – eine ganz extreme, mit Energie geladene Frau. Einen anderen Regisseur gab's, der gab Lichtzeichen aus dem ersten Rang, mit einer alten Armeelampe: Hell hieß »alles gut«, Grün hieß »schneller!« und Rot hieß: »langsamer!«. Das gab's wirklich!

Aber keiner blieb lange da, außer Sodanns Regieassistent Dietmar Rahnefeld.

Man musste in Halle nach oben gucken. Dann sah man die Schönheit der Häuser. Und Halle ist reich – bis heute gibt's zum Beispiel das »Objekt 5«, wo internationale Musiker auftreten; das habe ich zu Anfang mit eingerichtet. Und auch im Theater war die Kollegialität großartig. Da hat nicht jeder immer nur seins gemacht. Man musste ja auch irgendwie gemeinsam durch die DDR durch. Und wir waren nicht vorsichtig. Ich habe alles gesagt. Auch, weil ich dachte: Wenn Peter schon Stücke macht wie »Barby« oder »Großer Frieden« von Volker Braun ... Ich dachte immer: Das hier ist eine Insel, hier dürfen wir was sagen! Hier dürfen wir auch Kritik äußern am System.

Ich komme aus Gernrode im Harz und hatte eine Lehre in Leuna gemacht. Dort gab es das Amateurtheater der Leunawerke »Walter Ulbricht«, das habe ich mit geleitet. Der ursprüngliche Theaterleiter war Schauspieler bei Horst Schönemann gewesen und ging als künstlerischer Leiter nach Leuna. Vierzig Leute hatten wir, vor allem junge, und unser Theater war ziemlich progressiv; wurde auch verboten von der Stasi. Wir wollten was verändern, wir wollten anklagen und Dinge verbessern. Und als ich nach Halle kam, war das

Theater für DDR-Verhältnisse hier ein bisschen freier als anderswo. Wir sind dann dort auch aufgetreten mit den Leuna-Leuten. Peter hat uns die Möglichkeit gegeben. Das fand ich toll. Ich habe das auch während meiner Zeit am Theater in Halle weiter geleitet, das Leunaer Arbeitertheater. Das war mir wichtig.

Ich war auch am Thalia, dem Kinder- und Jugendtheater, und der Intendant Armin Mechsner hat mich dort meine erste Inszenierung machen lassen: »Was heißt'n hier Liebe?«, ein Aufklärungsstück für Kinder. Das war in der DDR verboten. Nach der Wende war's dann erlaubt. Danach kam gleich die zweite Inszenierung: »Wir Kinder vom Bahnhof Zoo«, diese Drogengeschichte, die bei uns in der DDR kaum eine Rolle gespielt hatte; Alkohol ja, andere Drogen nein. Aber auf einmal war Halle ein riesiger Anlaufpunkt für Junkies, speziell in besetzten Häusern. Da bin ich auch zu denen gegangen und habe erste Drogenerfahrungen gemacht. Erst allein mit den Junkies, dann habe ich auch die Schauspieler hingeschickt, habe gesagt: »Wir müssen uns mit denen unterhalten, wir müssen wissen, wie das da läuft, wie man raucht, wie man spritzt.«

Dann kam die Zeit, da wollte ich weg; wollte zur Regie wechseln, ein bisschen so wie später Herbert Fritsch. Da kam der Anruf vom Deutschen Theater in Berlin, zum Vorsprechen. Dort am DT war ich ab 1992, habe aber auch noch gespielt in Halle. Halle – das waren fast zehn Jahre. Halle blieb wichtig als Erinnerung – ich habe zwar große Rollen gespielt, musste mir die aber immer erarbeiten; in den Schoß gefallen ist mir nichts. Am DT war das ähnlich. Und auch jetzt an der Schaubühne …

Ich komme immer wieder gern nach Halle. Zum Schauen. Nicht zum Bleiben. Aber ich kriege immer noch Gänsehaut, wenn ich dieses Theater betrete.

**THOMAS BADING** / 1959 in Quedlinburg geboren / Chemielehre in Leuna / Leitung des dortigen Arbeitertheaters / danach Schauspielstudium / seit 1983 in Halle / ab 1992 am Deutschen Theater Berlin / seit 1999 an der Schaubühne am Lehniner Platz in Berlin

# Das war der Beginn meiner Liebe zum Theater

YVETTE DIETZEL

Geboren bin ich in Greiz, mein Vati hat in Merseburg gearbeitet und ich bin in Halle-Neustadt groß geworden. Unser Wohnblock war ein Studentenwohnheim, die Räume wurden dann als Wohnungen umfunktioniert; und wir sind 1972 dorthin gezogen. Ich war zwischen fünfzehn und sechzehn Jahre alt, 1981 war ein neues theater gegründet worden – und als es richtig losging, erzählten meine Eltern von diesem Theater im alten Kino, das ich ja noch kannte. Da wurde ich neugierig. Der erste Besuch ging so: Wir mussten uns in der Schulzeit, Ende 1985, Anfang 1986, »Die Insel« anschauen, ein Stück vom südafrikanischen Autor Athol Fugard. Das war ganz schrecklich. Ein Knaststück, es spielt in einer Gefängniszelle; mit Peer-Uwe Teska und Joachim Unger. Wir haben im Foyer auf unsere Klassenleiterin gewartet, und sie kam einfach nicht. Der Einlass in den Großen Saal begann schon, und sie war immer noch nicht da. Kurz vor Beginn kam eine Mitarbeiterin vom Haus und teilte uns mit, dass unsere Klassenleiterin angerufen hatte und sich wegen Migräne entschuldigen ließ. Aber wir dürften reingehen. Und dann saßen wir im Großen Saal zwischen Haupt- und rechter Traverse, oben auf zwei Holzbänken, die Jungs nach der Mode der Zeit mit Lederbändchen, alle hübsch zurechtgemacht – und dann auf diesen Holzpritschen! Nach kurzer Zeit tat uns der Rücken weh, und das Stück war einfach nur gruselig. Für uns Jugendliche war das eine Schocktherapie.
Ein bisschen später haben mich meine Eltern dann mitgenommen zu »Guten Morgen, Du Schöne«; und das fand ich richtig gut. Das war der Beginn meiner Liebe zum Theater. Anfangs waren wir noch nicht so oft da, haben aber die Revuen gesehen, dann gab's in der Schulzeit noch »Draußen vor der Tür« und »Die

Richtstatt«. Und nach dem Abitur fing es richtig an für mich, nach der zwölften Klasse, im berufspraktischen Jahr vor dem Studium, war ich jeden Monat im Theater. Es gab eine Gutscheinkarte, wo ich Felder abschneiden musste zum Bezahlen. Von 1990 bis 1997 war ich wirklich sehr regelmäßig hier – und 1994 entschloss ich mich: Wenn ich schon so oft im Theater bin, kann ich auch in den Förderverein eintreten. Der hatte sich 1991 zehn Jahre nach dem Start des Theaters gegründet. Ich bin seit November 1994 dabei – und habe noch den ersten Überweisungsschein für den Mitgliedsbeitrag.

Da war ich schon Studentin, es zog mich aber immer noch regelmäßig nach Halle – von 1990 bis 1995 habe ich in Chemnitz studiert. Danach gab's dort noch eine Fortbildung, später hat's mich erst nach Zittau verschlagen, dann nach Dresden – und schließlich landete ich wieder in Chemnitz. Ich bin promovierte Textilingenieurin, ich arbeite an der Entwicklung von Textilmaterial. Nach der Wende brach ja die Textilindustrie in Ost und West zusammen, es gab kaum noch Jobs – ich war dadurch auch kurz arbeitslos und Basteltante im Pflegeheim, bin dann aber mit ein bisschen Zufall und Glück in der Textilforschung gelandet. Heute werden Textil-Studierende wieder mit Kusshand genommen.

Meine Eltern wohnen noch in Halle, deswegen bin ich oft hier und gehe ins Theater. Es sind knapp zwei Stunden Fahrt bis hierher. Aber ich habe ja den Luxus, dass ich bei meinen Eltern übernachten und denen auf den Keks gehen kann …

Zwischendurch war's mir von Zittau und Dresden aus zu weit, und zur Zeit der Intendanz von Christoph Werner war auch mein Interesse geringer. Seit 2013 bin ich wieder öfter hier – mit meinen Eltern war ich in »Weltall, Erde, Mensch« und mit meiner Schwester in »Frau Müller muss weg«. Und da habe ich den Eindruck gewonnen, dass die Spielfreude ins Theater zurückgekehrt ist. Im Frühjahr 2014 war ich drei Wochen hintereinander in Halle, immer Donnerstag und Freitag, von »Ewig jung« über »Jeder stirbt für sich allein« bis zu »Wie im Himmel«. Und dann dachte ich mir: Wenn ich schon so oft nach Halle komme, kann ich mir auch ein Abonnement kaufen. Ich bin froh, so ein Abo zu haben, weil ich mir auf diese Weise Stücke anschaue, die ich mir sonst nicht ansehen würde; mir bieten sich so andere Perspektiven, die sich mir sonst mit meiner eigenen Eindimensionalität nicht erschließen würden. Zuletzt habe ich »Vögel« gesehen: großartig. Und in der Kammer »White Male Privilege – Geht das schon wieder los?«, außerdem Puppentheater, Hoftheater …

Durch mein Abo und den Förderverein (der sich ja gerade neu formiert) sehe ich mehr als einmal im Monat Theater in Halle. Da müssen meine Eltern durch. Im Spaß sagen sie manchmal: »Bald zahlst du Kostgeld!«.

**YVETTE DIETZEL** / Textilingenieurin und im Theater Zuschauerin, Abonnentin und Mitglied des Fördervereins

# Ich bin Hallenserin und vermeide jedes unnötige Verlassen meiner Stadt

## BERNHILD BENSE

Ich freue mich, hier sein zu dürfen.
Hier in diesem feierlichen Buch.
Vielen Dank.

Ich freue mich, hier sein zu dürfen.
Hier in diesem neuen theater.
Seit so langer Zeit.
Vielen Dank.

Bin engagiert fürs neue theater fast von Anfang an;
Bin engagiert am neuen theater seit 1994.
Bin – glaube ich – die einzige Regieassistentin aller drei inszenierenden nt-Intendanten.
Habe die meisten der über vierhundert nt-Inszenierungen gesehen.
Habe ungefähr hundert davon ausführend ausführlich begleitet.
Habe aber ein ziemlich schlechtes Gedächtnis.
Weiß daher nichts aus dem Nähkästchen zu plaudern (obwohl Nähen – alle meine Klamotten nähen – außer meinem Beruf mein einziges Hobby ist).

Kann einfach keine pointierten Geschichten erzählen.
Weder schlimme noch gute.
Aber eigentlich war ja immer alles gut.
Ich habe ein schlechtes Gedächtnis
und ich bin ausgesprochen anpassungsfähig.

Ich widme diese meine Liebeserklärung ans neue theater
allen Menschen, die mir und einander
dort oft seit Jahrzehnten
treue Kolleginnen und Kollegen sind:
allen, die dort Räume entwerfen, bauen, abbauen, beleuchten und betonen,
die Dinge, Kostüme, Gesichter arrangieren,
die Worte verteilen, Wege finden und Mögliches tun,
und denen, die das alles organisieren und hochhalten.

Als das neue theater 1981 gegründet wurde, war ich fünfzehn
und begann gerade, leidenschaftliche Theatergängerin zu werden.

Dass ich mal am Theater arbeiten würde,
hatte ich schon in der ersten Klasse beschlossen,
gemeinsam mit einer Freundin,
als ich »Rumpelstilzchen« inszenierte
mit mir als Rumpelstilzchen und ihr als schöne kluge Bauerntochter.
Meine Freundin ist heute Schauspielerin am Hans-Otto-Theater in Potsdam.

1981 gingen meine Klassenkameradinnen und ich natürlich erstmal nur ins richtige
Theater, ins »Theater des Friedens«, das heute das Opernhaus ist.

Dieses neue »neue theater« da hintendrüben,
das schien mir nur was für Coole zu sein,
(und cool war ich noch nie),
was für souveräne Erwachsene,
die sich in diesem kahlen offenen Raum
bestimmt

lieber gegenseitig beim Zugucken zuguckten
als dem Schauspiel,
meinte ich, die schüchterne Theaterschaffende der Zukunft.

Aber bald zog uns die Anhänglichkeit an unsere Lieblingsschauspieler
(jede von uns hatte ihren eigenen – meiner war Hilmar Eichhorn ...)
dann doch auch hinüber,
und wir wurden bald der harte Kern eines nt-Jugendclubs.
Einmal im Monat gabs eine exklusive Hinter-den-Kulissen-Veranstaltung
und außerdem die Theaterkarten noch spottbilliger.

Zwei- bis dreimal in der Woche sahen wir Schauspiel,
nur selten auch was anderes.

Dann Abi
und kein Studienplatz Theaterwissenschaft in Berlin.

Da fing ich an, am neuen theater zu arbeiten.
Spielzeit 1984/85: Ankleiderin.
Ganz nah dran an den Künstlern und der Kunst.
Ein Teil vom Theater,
von diesem verehrten Theater,
vom Mittelpunkt der Stadt,
vom Mittelpunkt der Welt.
Ein kleiner Teil davon.

Ein Traum.

Dann bestandene Aufnahmeprüfung
und Delegierung vom Theater zum Studium nach Leipzig: Theaterwissenschaft.

Fünf Jahre studieren nebenan,
zwischendurch ein Semester Praktikum am nt.
Dabei zum ersten Mal Regieassistentin.

Ein Traum.

Diplom-Theaterwissenschaftlerin seit Juni 1990.
Ungünstiger Zeitpunkt.
Einstellungsstopp am neuen theater.
Ein glücklicher Ausweg: drei Jahre Forschungsstudium in Leipzig.
Der Versuch, eine Doktorarbeit zu verfassen.
(Thema: »Theateranthropologie – Über den Anteil des Theaters an der So-Werdung des Menschen wie er heute ist«)
Dann aber doch mehr der Praxis verfallen (OFF-Theater in Berlin) und zu wenig der Theorie.

Und dann: Eine Dramaturgenstelle am nt wird frei
(ich weiß, warum, will aber nicht dran denken),
und Peter Sodann bietet sie mir an.
Spielzeit 1994/95: Dramaturgin am nt.

Ein Traum.

Und mein Traumberuf entsteht, als schon nach wenigen Monaten
auch die Regieassistenz in den Vertrag kommt.
Das ist direkter dran, das ist auf den Proben, das ist noch größer.
In dieser Kombination und überhaupt
kann ich so viel von dem machen,
was ich mehr oder weniger gut und meistens gerne tue:
rumsitzen, zuschauen, lesen, schreiben, denken, recherchieren, phantasieren, kommunizieren, organisieren, kopieren, dramatisieren, lernen, übersetzen, streichen, dichten, bestätigen, schweigen, planen, umplanen, sammeln, auflisten, abhaken, Kaffee holen, Konflikten ausweichen, Alkohol trinken, aushelfen beim Soufflieren, beim Inspizieren, im KBB und sogar manchmal auf der Bühne, auch mal technische Knöpfe drücken oder Requisiten basteln sowie Premierengeschenke.
(Der ideale Job also für eine wie mich,
die vieles ein bisschen kann und reichlich Interessen hat und sich ungern entscheidet.)

Da und aktiv sein für all die Leute hier, die dieses Theater machen.
Theater mitmachen.
Theater – dieser wundervolle gemeinschaftliche Kurzschluss zwischen Jahrtausenden von Menschheitskultur und absoluter Gegenwart.
Theater – dieser faszinierende Zauber der Verwandlung von Menschen und Themen und Texten und Räumen in Ereignis.
Theater – diese herzliche Einladung an die Welt zu Unterhaltung und Besinnung und Utopie und Gemeinschaft.
Theater – diese meine dienstliche Chance, immer wieder neue und so verschiedene theaterbegeisterte Menschen kennenzulernen, alle paar Wochen in ein neues Thema, in eine neue dramatisch-literarisch-ästhetisch-historische Welt einzutauchen, irgendwie immer wieder von vorn anzufangen und staunend zu erleben, wie wieder so ein vergängliches Wunder wächst.
Theater – neues theater. Für mich das beste Theater der Welt. (Ich kenne aber auch kein anderes. Ich bin Hallenserin und vermeide jedes unnötige Verlassen meiner Stadt.)

Theater.
Ein Traum.
Ich liebe es.
Ich lebe es.

Danke, dass ich hier sein darf.

**BERNHILD BENSE** / 1965 in Halle geboren / Diplom-Theaterwissenschaftlerin, Dramaturgin, Regieassistentin u. v. m.

**40** JAHRE NEUES THEATER

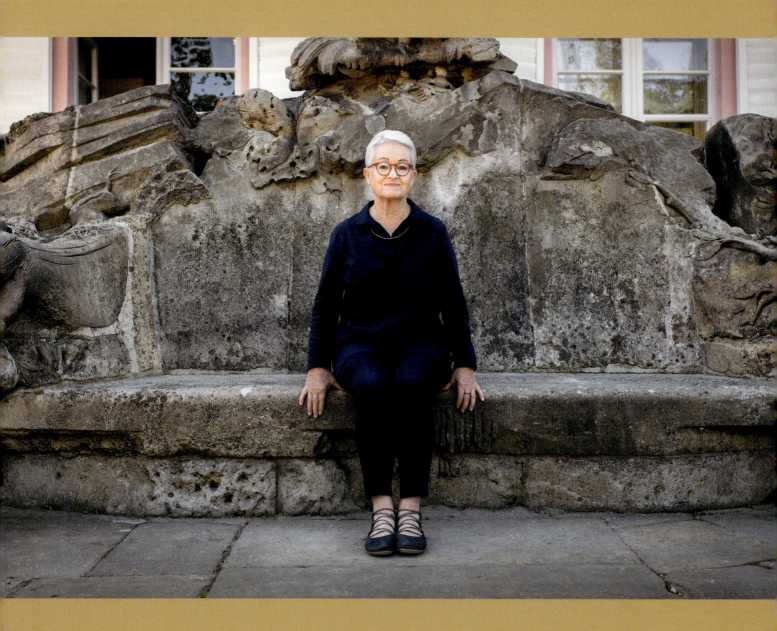

# Vom Anfangen

## URSULA MÜLLER

Es war ein Raum, der sich einprägte, weil er Spiel- und Zuschauerraum gleichermaßen umfasste. Ein Raum, der in Weiß getaucht schien. Auf der Spielfläche – eine Installation aus Birkenbäumen, echten Birkenbäumen. Und dazwischen spielte Valentin Rasputins Roman »Leb und vergiss nicht«, der von einer tragischen Liebe im Zeichen des Zweiten Weltkrieges erzählt.

Es war vieles neu in diesem neuen theater. Zunächst einmal die Tatsache, dass aus einem Kino eine Theaterspielstätte geschaffen werden sollte, und zwar aus eigener Kraft. Das war die Idee von Schauspieldirektor Peter Sodann, den ich als Bühnenbildnerin von Magdeburg nach Halle begleitete. Und so sah dann auch der Arbeitstag in diesem neuen theater aus: Es wurde gebaut. Alles, was in Eigenarbeit geleistet werden konnte, war gefragt.

Und wenn Peter Sodann Schauspielabsolventinnen und -absolventen nach Halle zum Vorsprechen einlud, so erzählte man sich später, musste die- oder derjenige immer auch die Frage beantworten, was sie oder er außer Theaterspielen noch könne. Nähen? Malern? Mauern? Tischlern? Elektroanschlüsse verlegen?

Zwischen den Arbeitseinsätzen wurde probiert und abends, wenn der Bauschutt beiseite geräumt war, gespielt. Es war eine aufregende Zeit, in der es viele Hindernisse zu überwinden galt. Denn diese Self-Made-Philosophie war ungewöhnlich für die DDR-Theaterlandschaft. Aber Peter Sodann war fest entschlossen, den Traum von einer eigenen Schauspielbühne mit unabhängiger Spielplanung zu verwirklichen. Dazu bedurfte es großer Ausdauer, subversiven Geschicks und trotziger Widerständigkeit. Peter Sodann verfügte darüber.

**40** JAHRE NEUES THEATER

Anfangs sprachen wir nur von einer Probebühne, die aus dem stillgelegten Kino, das eigentlich früher mal ein Ballsaal gewesen war, entstehen sollte. Aber im Hinterkopf von Sodann hatte die Idee eines Theaters mit beweglichen Zuschauertribünen, eine sogenannte Raumbühne also, schon feste Gestalt angenommen. Und das in einem Land, in dem alles irgendwie knapp war, in dem man meistens ›Beziehungen‹ brauchte, um z. B. an Baustoffe oder technische Ausrüstungen usw. heranzukommen. Und wenn dann der Sandhaufen endlich vorm Theatereingang lag, musste geschippt werden. Egal, was anlag: Subotnik! (Das ist inzwischen ein erklärungswürdiges Wort geworden ...)

Kein Wunder also, dass ich, die ich damals meinen festen Wohnsitz in Dresden hatte, beauftragt wurde, Fliesen in Heidenau bei Pirna aufzutreiben. Was mir auch tatsächlich gelang. Vor dem nächsten Arbeitsgespräch mit Sodann lagen die Fliesenpakete jedenfalls im Kofferraum.

Und so lief es in allen Bereichen. Das geflügelte Wort »eine Hand wäscht die andere« wurde in diesen sechs Jahren, die ich den Entstehungsprozess des neuen theaters begleitet und mitgestaltet habe, im schönsten Bedeutungssinne wahr.

»Leb und vergiss nicht« war eine der ersten großen nt-Inszenierungen, für die ich Bühne und Kostüme entwarf. Es war für uns alle, für mich, für Peter Sodann und unser Schauspielensemble, eine Sternstunde, in der, was nicht so oft vorkommt, einfach ›alles stimmte‹. Den gesamten Raum, auch die Zuschauerreihen, hatte ich mit weißem Stoff ausschlagen lassen, denn Rasputins Erzählung spielt im sibirischen Winter. Überall standen jene Birken, die natürlich erst gefällt werden mussten. Das Publikum saß also inmitten russischer Weiten, wie wir sie aus dem Kino kannten, und es war Teil dieser Erzählung.

Eine der beiden Hauptfiguren, der Rotarmist Andrej, sollte einen Schafspelzmantel tragen. Weil der Kostümfundus des Theaters so etwas nicht hergab, hatte ich mich an die russische Garnison in Halle gewandt, die ihre Unterstützung zusagte. Aber statt des speckigen Prachtstückes, das ich vor Augen hatte, wurden zwei nagelneue weiße Mäntel geliefert: Man wolle sich unter ›Freunden‹ schließlich nicht blamieren ... Zu guter Letzt kam ich aber dann doch noch zu meinem ›speckigen Prachtstück‹, das ich auf dem Papier entworfen hatte. Allerdings musste der Mantel zuerst ganze drei Tage – ausgebreitet auf dem Fußboden – auslüften, bevor er probentauglich war. So viel Schweiß, so viel gelebtes Leben steckte in jeder seiner Fasern.

Diese erste Inszenierung eines Romanstoffs, der ein anderes als ein nur heroisches Bild des Großen Vaterländischen Krieges entwarf, der persönliche Katastrophen und politische Fehlentscheidungen ins Bild rückte, setzte Maßstäbe für unsere, für meine Arbeit in Halle. Es war dies der Versuch, sich mit den Lebensverhältnissen im ›real existierenden Sozialismus‹ auseinanderzusetzen. Dazu gehörten unsere großen Revuen genauso wie Volker Brauns »Großer Frieden«, eine Revolutionsparabel. So wurde das neue theater das, was Peter Sodann, was wir alle uns gewünscht hatten: ein Ort des Austauschs über die Gegenwart und eine mögliche Zukunft.

Viele der Künstlerinnen und Künstler, mit denen ich in diesen ersten Anfangsjahren verbunden war, haben sich am neuen theater Halle ihre ersten Sporen verdient. Viele haben später, wie es in unserem Berufsstand üblich ist, den Standort gewechselt, viele sind aber auch geblieben, weil dieses Theater, an dem sie (und auch ich) mitgebaut hatten, ihr Theater geworden war. Denn was uns alle damit verbindet, ist – wie Bertolt Brecht es so wunderbar formuliert hat – die Lust des Beginnens.

(Aufgezeichnet von Beate Seidel.
Das Porträt von Ursula Müller entstand auf ihre Anregung hin am Fasanenschlösschen im Park von Schloss Moritzburg bei Dresden.)

**URSULA MÜLLER** / 1944 geboren / lebt in Dresden / Bühnen- und Kostümbildnerin in Halle in den frühen nt-Jahren / zuvor in Altenburg und Magdeburg / danach Arbeit am Staatsschauspiel in Dresden

# Der Trabbi auf dem Dach

## UWE GRAUL

Einen Gesamtplan, in dem wir die Kulturinsel als Ganzes betrachtet haben, gab es erst 1988/89. Vorher wurde der Saal so wie er war bespielt. Es gab ursprünglich zwei Kinos. Der große Kinosaal stand jahrelang leer und wurde wie eine Art Raumbühne benutzt: ein flacher Saal, mit variabler Bestuhlung. Das jetzige Foyer war das »Zeitkino«, da liefen Filme parallel zu den Theatervorstellungen und Proben. Bei Vorstellungen kam es schon mal vor, dass akustisch Panzer durch den Saal fuhren. Das Bühnenhaus ist erst nach 1989 entstanden.

Peter Sodann und ich haben gemeinsam das erste Konzept erarbeitet. Was wir hatten, waren Zeichnungen aus der Bauakte von 1890 für den Bau des halleschen Vergnügungszentrums »Kaisersäle« unter Einbeziehung der Gründerzeithäuser, Spiegelstraße, Schulstraße und Universitätsplatz. Gebäude, die zum Teil noch Privatbesitz waren und erst erworben werden mussten. Ich war bis 1980 als Architekt im Büro des Stadtarchitekten tätig. 1980 bekam ich ein Angebot von der Kunsthochschule Burg Giebichenstein als Oberassistent im Fachbereich »Bildende und angewandte Kunst«. Es war die Zeit, als die Baumaßnahmen in der Innenstadt begannen. Da sollten zum Teil ganze Gründerzeitgebiete abgerissen werden; und das widerstrebte mir. Sodann suchte während dieser Zeit Mitstreiter, die ihn unterstützten, da ging es zuerst um den Bau des Theatercafés. Das wurde 1988, noch zu DDR-Zeiten, gebaut und ist im April 1989 eröffnet worden. Das haben wir im Widerstand gegen die Stadtoberen geschafft, da sollte eigentlich ein Lederwarenladen rein. Da hat sich aber Sodann über die Kulturbereiche stark gemacht und wir konnten das Café ausbauen. Der technische Leiter hat den Fußboden gelegt. Ich war gelernter

Tischler und habe bei einem Kollegen Material für den Tresen besorgt, sodann die Stühle und Tische. Es gibt noch Protokolle, in denen er sich an die Abteilung »Kultur der Stadt« wendet und die Ausstattung für das Café beantragt: Geschirr, Lampen; eigentlich alles. Er ist unheimlich umtriebig, schon immer gewesen.

Als wir das Café eröffnet haben, entstand fast zeitgleich der Gesamtplan für die gesamte Kulturinsel, über 6.000 Quadratmeter Geschossfläche. Der Altbau, wo heute das Gebäude mit dem »Schaufenster« im Erdgeschoss steht, war komplett zusammengefallen. Wir haben einen Neubau errichtet, da sollte auch eine Weingaststätte rein: die eine Seite für Rotweintrinker, die andere für Weißweintrinker. Und beim Café war im ersten Konzept die Küche noch im Keller. Da sollte dann von unten im gläsernen Aufzug ein Kellner im Frack hochfahren und servieren. Das hatte immer alles viel Humor. Wo heute das Puppentheater drin ist, sollte in der ersten Konzeption ein Theaterhotel entstehen, mit den Zimmern nach Dichtern benannt, so wie jetzt noch ganz oben die Gästezimmer: Goethe-Zimmer, Shakespeare-Zimmer, Tschechow-Zimmer ...

Der Bereich links vom Hof gehörte noch dem Datenverarbeitungsbetrieb »Robotron«. Wie hieß der Spruch zu DDR-Zeiten? »Hast du einen faulen Sohn, schicke ihn zu Robotron.« Als der leer wurde, haben wir den Bereich mitverplant, obwohl wir ihn noch gar nicht hatten. Das (und vieles andere auch) wäre heutzutage bei dem jetzt üblichen Planungs- und Genehmigungsablauf so nicht mehr machbar. Zum Beispiel der gesamte Bühnenturm, hier haben wir etwas übertrieben, indem wir behauptet haben, die gesamte vorhandene Bühnenwand sei einsturzgefährdet. Wir müssten dort was machen! So haben wir dafür Mittel bekommen, um den Bühnenturm zu bauen, mit entsprechender Bühnentechnik und Obermaschinerie. So ist alles Stück für Stück entstanden; auch die Foyerbereiche und das Casino mit Dachgarten. Oder der Innenhof, der schon immer dazugehörte.

Im Saal haben wir ein Doppelstock-Hubpodium als Bühne eingeplant und mitten im Saal eine Hubbühne, mit der Bühnenteile aus der Unterbühne transportiert werden konnten. Wo damals die Kaisersäle waren, befinden sich heute der Große Saal und das Kammertheater. Die »Kaisersäle« gab's aber nur gut zwanzig Jahre, von 1890 bis 1912, dann war alles baufällig, ziemlich leicht gebaut und dann gesperrt. Und die Vergnügungsräume bekamen andere Funktionen. Für uns war immer der Grundgedanke ausschlaggebend, dass jeder Komplex von außen und auch von innen zusammenhängend erreichbar sein muss. Dafür mussten wir Brandmauern durchbrechen. Kompliziert war es, die unterschiedlich beschaffenen Häuser miteinander so zu verbinden, dass eine optimale Verflechtung der vielfältigen Funktionen möglich wurde. Wir haben mehrere neue Treppenhäuser und Aufzüge eingebaut, mit denen man etwa die Kammer, das Casino und auch die Wohnungen erreichen kann.

Bis Anfang der neunziger Jahre war das neue theater Bauherr. Die Beschaffung der finanziellen Mittel für die Baumaßnahmen gestaltete sich immer schwierig. Unter anderem spendeten auch Betriebe und Privatpersonen für ihre Kulturinsel. Ab 1991 liefen sämtliche Baumaßnahmen über das Hochbauamt Halle. Zusätzlich mussten die größeren Bauabschnitte von der Oberen Finanzdirektion Magdeburg finanziell bestätigt werden. Als das Puppentheater nachträglich mit eingeplant wurde, fehlte natürlich eine bedeutende Summe.

Da hat sich keiner bereiterklärt, Geld zur Verfügung zu stellen. Auch die Stadt nicht. Da sind Peter und ich nach Magdeburg gefahren: zur Oberfinanzdirektion, zum Landesbaubetrieb. Und weil Sodann auftrat, konnten wir mit den Chefs sprechen. Sonst waren immer nur untere Abteilungsleiter zuständig. Ich habe gesagt: »Du musst die alle nach Halle einladen. Die müssen das Objekt mal sehen.« Dann kamen sie, und wir haben sie durch den Gesamtkomplex geführt, haben alles gezeigt, was schon fertig war. Zum Glück waren sie so begeistert, dass die zusätzlichen Mittel dann bereitgestellt wurden.

Die »Puppe« kam erst im Jahr 2001 dazu. Das war mehr oder weniger die letzte Maßnahme. Zuvor gab es noch das »Tintenfass«, schon 1987 errichtet, eine einfache Stahlkonstruktion, als Kulissenmagazin für den großen Saal genutzt. Die haben wir 1992/93 als Kleinkunstbühne umgebaut. Hier liefen auch Filme aus der Sowjetunion und DDR-Zeiten, die woanders nicht mehr gezeigt wurden oder bis dahin nie gezeigt worden waren. Den Raum haben wir dann aber dem Puppentheater zugeordnet, das dadurch zwei Bühnen hat. Aus der angedachten »Weingaststätte« wurde zuerst der Lesesaal, jetzt ist es eine kleine Bühne, das »Schaufenster«, und oben war die Bibliothek. Die halleschen Designer Walter Bubetz und Thomas Anders haben ein Modell der gesamten Kulturinsel gebaut, welches sehr anschaulich die einzelnen Funktionsbereiche zeigt und das noch heute im Theater steht.

Tatsächlich war alles fertig, als Sodann gehen musste. Das war wirklich brutal. Vieles hat er sich vielleicht selbst zuzuschreiben. Er hat nie ein Blatt vor den Mund genommen, auch bei den oberen Kulturleuten nicht; und das vertragen eben manche schwer. Schon zu DDR-Zeiten hatten wir eine Art Stammtisch in der alten Theaterkantine. Der Stammtisch bestand aus Leuten, die eine gewisse Bedeutung in der Stadt hatten, etwa Gerhard Wohlgemuth, das war ein Musiker und Komponist, Helmut Brade, Willi Sitte, Bernd Göbel von der Burg und andere Professoren von der Uni; aber auch Leute von der Bezirksleitung der Partei und aus dem Kulturbereich waren dabei ... und da wurde auch ganz offen miteinander geredet. Mit einem dieser Professoren hatte ich später noch einmal Kontakt, als Peter im Juli 2005 verabschiedet wurde. Der sagte, Sodanns Vertrag sei ja nun schon zwei Jahre verlängert worden, bis siebenundsechzig; und mit fünfundsechzig müsse er auch Abschied nehmen von der Uni! »Ja«, habe ich gesagt – »da besteht aber ein großer Unterschied: Du hast die Universität nicht gebaut. Peter aber hat seine Vision von der Kulturinsel erdacht und verwirklicht und darum hängt er natürlich ganz besonders daran.« Man hätte ihn wenigstens ehrenhalber als Intendant weiterführen können. Das sehe ich als Verlust für Halle. Auch diese Bibliothek in Staucha ist ja ein Riesending. Aber am falschen Standort – in Halle gab es so viele Objekte, die leer standen; die man hätte nutzen können für so eine Bibliothek. Ob sie wirklich gebraucht wird oder nicht – das ist zweitrangig.

In der Kulturinsel wurde auch nicht nur Theater gespielt, da konnte auch gefeiert werden, und sie sollte als Treffpunkt für die Menschen der Region dienen. Neben den gastronomischen Einrichtungen gab es auch eine Galerie, die Wolfgang Timme geleitet hat. Die Sanierung und der Umbau der einzelnen Gebäude erfolgte auf der Grundlage einer denkmalpflegerischen Zielstellung. In über zwanzig Jahren Bauzeit ist ein lebendiger Mittel- und Treffpunkt in der halleschen Altstadt entstanden – die deutschlandweit einmalige Kulturinsel. Was das gekostet hat? So ganz genau bekommt man die Summen nicht mehr zusammen. Wir sind mit einer groben Schätzung bei 25 Millionen Euro angekommen, für den gesamten Komplex. Das ist nicht übermäßig viel. Sodann hatte immer auch Sonderwünsche – auf den Schornstein haben wir mal den himmelblauen Trabbi vom ehemaligen technischen Leiter gehievt. Oder das Bühnentürmchen, der Glockenturm – die Haube ist aus glasfaserverstärktem Polyester, wie bei Rennbooten. Den Wetterhahn und die farbige Fassung hat der hallesche Künstler Volker Knauf gestaltet. Dann musste eine Glocke rein, wie in einer Kirche – Sodann wollte die Leute mit der Glocke ins Theater rufen! Diese wurde in Apolda von einer Glockenbaufirma gegossen.

Meine Lust am Theater begann schon während der Studienzeit an der Burg Giebichenstein. Als Diplomarbeit habe ich ein Opernhaus für Halle am Stadtpark geplant, zum Bau noch zu DDR-Zeiten. Halle sollte ja Großstadt werden, mit über 400.000 Einwohnern.

Für die Kulturinsel wurde 2004 eine Anerkennung zum Architekturpreis vergeben.

**UWE GRAUL** / Architekt in Halle / verantwortlich für die Gesamtplanung der Kulturinsel, die Gestaltung der Berliner Brücke und der Brücke zur Rabeninsel und vieler weiterer Projekte in Halle

# Die Erschaffung eines Theaters

## MARGRIT LENK

Das Landestheater Halle platzte aus allen Nähten. Alle vier Sparten mussten sich die eine Bühne teilen. Das Schauspiel zog immer den Kürzeren. »Das Ensemble verlottert uns, wenn wir nicht eine zweite Spielstätte bekommen«, meinte der Intendant Ulf Keyn.

Ich kam 1977 nach Halle und wurde wissenschaftliche Mitarbeiterin des Intendanten. Ab 1979 unter Ulf Keyn. Das neue theater mit der Kulturinsel – das ist Peter Sodann. Ulf Keyn darf man da aber nicht vergessen. Er hat das Ganze mit angeschoben. Er holte Peter Sodann ans Landestheater, auch, weil der schon in Karl-Marx-Stadt – inzwischen wieder Chemnitz – zusätzliche Spielmöglichkeiten aufgetan hatte. Offiziell verlangten die beiden fürs Schauspiel eine neue Probebühne, es sollte auch nichts kosten. Im Hinterkopf waren da aber größere Pläne.

Sie hatten Glück: Die Verantwortlichen für Kultur in der Stadt und beim Rat des Bezirkes, Isolde Schubert und Günther Kuhbach, hatten wirklich für Kultur was übrig. Anderswo saßen da oft Polit-Bürokraten.

Isolde Schubert ahnte wohl, dass Sodann und Keyn mehr wollten. Sie hat immer wieder versucht, Geld lockerzumachen. Kuhbach schaffte es, das Kino der DSF – Deutsch Sowjetischen Freundschaft, früher mal die CT-Lichtspiele – freizuräumen. In der DDR durften keine Kinos geschlossen werden. Kuhbach musste erst den Minister für Kultur rumkriegen. Er versprach, dafür ein anderes Kino – nämlich das »Capitol«, das völlig heruntergekommen war – entsprechend wieder herzurichten und neu aufzumachen. Das passierte bis zum Ende der DDR natürlich nicht. Der Minister hatte ja aber schon dem Tausch zugestimmt. Er saß weit weg, in Berlin!

Erstmal wurde der Kinosaal notdürftig eingerichtet. Aber auch ganz schnell, mit als Erstes, entstanden die verschiebbaren Zuschauertraversen. Keine Bühne, gespielt wurde mitten unter den Zuschauern.

Zuerst blieb noch eine Weile das kleine Studiokino bestehen, da kam später das Foyer rein. Dann hat Sodann Stück für Stück sein neues theater aufgebaut. Und an der Verwirklichung der Idee einer ganzen Kulturinsel gearbeitet. Der Fotoladen an der Ecke Große Ulrichstraße/Schulstraße wurde übernommen. Die Stadt wollte daraus einen Leder-Exquisit-Renommier-Laden machen. Aber Sodann ließ nicht locker. 1989 wurde dort das »Café nt« eröffnet.

Dann kam das Haus dazu, wo zuvor der Fleischer Otto drin war. »Friedrich Otto« prangt heute noch über der alten Ladentür.

Sodann hatte einen Sinn für Geschichte. Und so wuchs langsam die Kulturinsel, mit dem neuen theater mittendrin. Sodann wollte dabei auch ein bisschen was vom Flair der alten Kaisersäle einfangen.

Der Architekt Uwe Graul war Sodanns Mitstreiter. Nach Grauls Plänen wurde restauriert, umgebaut, neu gebaut; die Außenwände blieben dabei weitgehend stehen. Am liebsten hätten Sodann und Graul deren ursprüngliches Aussehen mit den pompösen Verzierungen aus der Kaiserzeit wieder hergestellt. Aber die waren ja schon seit den 1930er Jahren weg.

Ich wurde derweil beauftragt, ein ordentliches Archiv aufzubauen. Damit hatte ich schon am Großen Haus angefangen, ab 1986, da hatten wir das Jubiläum »100 Jahre Stadttheater«.

Als »Strieses Biertunnel« (wo vorher eine alte Kneipe drin war und noch früher das CT-Restaurant) auf die Eröffnung zuging, beauftragte mich Sodann, Bilder aufzutreiben mit Striese-Darstellern – von Hermann Thimig über Albert Bassermann bis zu Willy Millowitsch und Peter Sodann selber. Eine Hundearbeit; die ganze deutschsprachige Theatergeschichte, von der Uraufführung 1884 bis 1991, war abzuklappern.

Als dann das Café aufgemacht wurde, wollte Sodann eine ganze Wand mit Bildern von großen Hallensern, Halloren und Halunken (das sind die Zugewanderten) bepflastert haben, auch mit Leuten, die hier nur mal Gast gewesen sind. Da wurde hochgestapelt – Goethe, der Räuber Käsebier und selbst Till Eulenspiegel waren dabei. Ob der Eulenspiegel wirklich jemals hier war – das ist vielleicht auch nur eine erfundene Story.

Der Theatersaal war gewöhnungsbedürftig: Ohne nummerierte Plätze, und gespielt wurde mittendrin. Die Zuschauer saßen sich gegenüber, konnten sich gegenseitig beobachten ... Sodann wollte auch kein Anrecht. Die langjährigen Abonnenten vom Landestheater sind ohnehin kaum in unser neues Haus mitgekommen. Das neue theater musste sozusagen erst einmal »erobert« werden – sowohl durch die Schauspieler als auch durch das Publikum. Ein erster Durchbruch bei der Publikumsresonanz gelang mit der szenischen Lesung von »In der Sache J. Robert Oppenheimer«. Geplant für vier Vorstellungen – vierzig sind es geworden. Da spielte auch die damals sehr aktuelle Thematik atomare Rüstung eine Rolle.

Die erste richtige nt-Aufführung, bei der einfach alles so stimmte, wie Sodann sein neues theater sich vorgestellt hatte, war »Leb und vergiss nicht«. Da war das Haus gefüllt, und die Schauspieler hatten die Spielweise in einer quasi »Raumbühne« inzwischen wirklich richtig drauf.

Bis dahin waren immer noch viele »Renner« im Großen Haus entstanden: »Götz von Berlichingen« etwa, vorher Brechts »Mutter Courage«. Aber dann kamen die bedeutenden Inszenierungen im neuen theater heraus. Das nt bekam das Hauptgewicht, holte ganz neues Publikum ran.

Zunehmend sind wir ins Blickfeld der Bezirksleitung der Partei geraten, weil wir – so war die Formulierung – »konterrevolutionäre Inszenierungen« gezeigt hätten. Schon »Großer Frieden« von Volker Braun – eine sehr gute Inszenierung – war der damaligen Kulturabteilung zu anrüchig. Da wurde zwar noch keine große Sache draus gemacht, aber die damalige Sekretärin für Wissenschaften, Volksbildung und Kultur bei der SED-Bezirksleitung fand das politisch suspekt. Die »Revue 50« galt dann als besonders »schlimm«. Da weiß ich noch den Satz von einem der Parteimitarbeiter: »Unsere FDJler sind keine Karikaturen.« Dabei war das eine wirklich freundlich-lustige, von Schauspielern kreierte FDJ-Truppe, die bekannte Jugendlieder schmetterte. Vierzehn Tage nach der Premiere kam eine große Delegation von der Bezirksleitung aus Dresden mit Teilnehmern eines Lehrgangs in die Aufführung. Vorher waren sie im Mansfeld-Kombinat gewesen. Und als krönender Abschluss der Exkursion war auf einmal unsere Revue gut genug! Die hatte nämlich inzwischen tolle Kritiken und riesigen Zuschauerzulauf erhalten. Und da entdeckte auch der zuständige Bezirksleitungssekretär, dass es gar nicht so »schlimm« ist. Aber gerade der ist dann bei »Barby« empört rausgegangen, während begeisterter Beifall aufbrauste. Für die Inszenierung natürlich, nicht für den Abgang des Funktionärs.

Wir gerieten wirklich ins Visier der Genossen. Das galt auch fürs Musiktheater, etwa für die Oper »Der Preis«, wo es um Wissenschaft und nicht genehme Ehrlichkeit ging. Wir waren da ja noch mit dem Musiktheater zusammen, als »Landestheater Halle«. Die vollständige Trennung und offizielle Gründung vom neuen theater und Opernhaus erfolgte erst in der Wendezeit. Da gab es einige, die sich mit der Auflösung der alten Theaterstruktur nicht so richtig anfreunden konnten. Ich gebe zu: Ich gehörte auch ein bisschen dazu. Aber es hat sich schnell herausgestellt, dass das neue theater sich nun zum richtigen Schauspielhaus mausern konnte, und auch das Musiktheater hat sich neu gefunden.

Ich hätte 1999 mit sechzig in Rente gehen können. Das ging damals noch für Frauen. Peter Sodann sagte mir und auch meiner Dramaturgie-Kollegin Gisela Mueller-

Stahl, er brauche unsere Stellen und unser Geld für Schauspieler. Wir sollten noch Geringfügigkeitsjobs bekommen. Mir hat er gesagt: »Du machst das Archiv weiter!« Gisela sollte fürs »Café nt« eine Aufgabe übernehmen. »Ich gebe euch eine Abfindung und bezahle den Arbeitgeberanteil für die Bayrische Versicherung weiter.« Also diese Künstlerrente. Wir haben natürlich eingewilligt. Wer bekam schon so viel geboten?! Vor allem – wir konnten ja weiter arbeiten.

Peter Sodann hatte eine ausgesprochen soziale Ader. Er konnte aber auch ein richtiger Miesling sein. Er flippte oft mal aus, wenn es ihm nicht schnell genug ging. Als ich ihm das mal vorhielt, meinte er: «Du kennst mich doch!« Ich kannte ihn wirklich schon von der Hochschule in Leipzig. Wir hatten uns dann aus den Augen verloren, weswegen ich die Geschichte der Verhaftung für das Kabarett »Rat der Spötter« nicht wirklich mitgekriegt habe.

Im Theater kam er immer wieder mit verrückten Ideen. Zum Beispiel mit der Anordnung an die Dramaturgen: »Ihr sucht jetzt mal für jeden Tag des Jahres Dichter aus, die an dem Tag Geburtstag haben. Egal, ob die schon fünfhundert Jahre tot sind oder noch leben!« Das war auch so eine »Hundearbeit«: Erst mal Dichter finden, dann Kurzbiografien schreiben, winzige Ausschnitte aus den Werken raussuchen, das ganze vervielfältigen und im »Café nt« auslegen. Und alles neben unserer eigentlichen Arbeit. Nachher erledigte das Gisela als ihren Minijob.

Ich konnte jedenfalls durch meinen Minijob noch fünf Jahre bei Sodann arbeiten. Dann war ich froh, dass ich meine Archivsammlung im Stadtarchiv unterbringen konnte. Manchmal landen bei mir noch irgendwelche historischen Anfragen. Den Leuten geb ich Auskünfte und leite sie dann ans Stadtarchiv weiter.

**MARGRIT LENK** / 1977–2000 wissenschaftliche Mitarbeiterin und Archivarin am Landestheater Halle und am neuen theater / 1992 Veröffentlichung ihrer Schrift »Kleine hallesche Theatergeschichte« / ab den 1990er Jahren bis 2019 Veröffentlichungen von Beiträgen zu theatergeschichtlichen Themen

# Wir sind ein Sauhaufen und Sodann ist der Prophet

## FRIEDER VENUS

Ich muss etwas tun. In Anklam in der tiefsten mecklenburgischen Provinz soll ein junger Regisseur grandioses modernes Theater machen. Fast jede Premiere wird verboten, das sagt alles. Ein Verbot ist der Ritterschlag. Der Regisseur heißt Frank Castorf und wohnt in Berlin. Ich besorge mir seine Telefonnummer und verabrede mich mit ihm am nächsten Tag um elf im Café beim Künstlerclub »Die Möwe«.
Es ist heiß, ich sitze um zwölf immer noch allein am Tisch in der Sonne und rühre in meinem Kaffee. Hat er verschlafen oder vergessen? Ob ich mich bei ihm melde? Unschlüssig gehe ich zur S-Bahn.
Am nächsten Tag bekomme ich überraschend eine Einladung zum Vorsprechen ans Hallenser Theater. Für ein probeweises Engagement. Sie brauchen dort junge Schauspieler. Das gab es noch nie ohne eine Bewerbung meinerseits. Es schmeichelt mir, ich fahre hin. Ich habe nichts zum Vorspielen außer einem Hundemonolog an der Kette, den Horst Hawemann für ein Kinderfernsehspiel schrieb. Das letzte Wort ist ein röchelndes Gebell: »Freiheit!«, bis mir das Kettenende die Luft abschnürt und ich zu Boden stürze. Ich setze mir eine Bommelmütze auf und spiele dies dem Schauspieldirektor Peter Sodann vor, der grinst, will nichts weiter sehen und engagiert mich für die nächste Spielzeit. Verblüfft fahre ich nach Berlin zurück. Wieso nimmt der mich so leichtfertig? Alle trüben Gedanken sind wie weggeblasen, Neugier auf Halle und Lebenslust.
Zum Spielzeitbeginn fahre ich zur Vollversammlung ans Hallenser Theater. Sänger, Musiker, Tänzer, Schauspieler, Techniker, Handwerker – ich bin wieder in einer Theaterfamilie. Da sehe ich im Theatersaal den (langjährigen Partner) Karo. Er sitzt zwei Reihen vor

mir. Wir schauen uns an. Karo lacht verblüfft und höhnisch. Jetzt dämmert mir einiges. »Löffler (der stellvertretende Kulturminister)«, denke ich; ich bin irgendwie aus Eitelkeit enttäuscht – sie haben mich am Theater genommen, weil sie mich im Auftrag der Stasi nehmen mussten.

Der Stasi war klar, womit sie uns ködern konnte. Kein muffiges Stadttheater oder verkrustetes Staatstheater. Ein Bezirkstheater im Aufbruch, ein leidenschaftlicher Regisseur. Was sie mit Verboten nicht erreichten, schaffen sie mit Verführung. Das ist mein Preis, denke ich, ein mittelgroßes Bezirkstheater nimmt mich und ich bin froh. Hungrig auf Theater. Hochgestimmt, hingebungsvoll wie ein Anfänger. Ich habe Flügel, ich könnte die Welt umarmen. Ich hatte vergessen, wie schön das ist. Endlich wieder Spielen und sich mögen. Es ist eine Wiedergeburt. Ich erfinde mich neu als Schauspieler. Kein Diskutieren, kein Nörgeln wie in Neustrelitz, nur einfach Spielen und Hingeben. Froh und hellwach auf jeder Probe. Unsicher wie immer, aber mit vollem Einsatz. Der Regisseur ist überrascht. Meine Lust gefällt ihm. Ich leuchte theaterverliebt, ich bin neugierig, ich lache.

**Leutnant Sowieso.** Neben der Arbeit in Halle inszeniere ich zusammen mit Berndt Stichler in Rudolstadt. Wir brauchen eine sehr junge ruppige Punk-Schauspielerin. In Rudolstadt sind die Damen dafür zu alt. Wir laden eine begabte Berliner Laiendarstellerin aus der Punkszene nach Rudolstadt ein. Gegelte hochgebürstete Haare, schwarze Lederklamotten, Nasenring, Ketten um die Hüfte, ein echtes Punkgirl. Sie kifft in Maßen, bezieht ihren Stoff von ungarischen und tschechischen Dealern. Der Intendant sieht sie und bekommt es mit der Angst zu tun. Er telefoniert herum, schwitzt, verschiebt die Entscheidung. Am nächsten Tag präsentiert er uns eine Bestschülerin aus der Rudolstädter Oberschule, die fürs Theater extra vom Kreisschulrat freigestellt wird. Das habe ich noch nie erlebt. Eine Schülerin aus Angst extra freigestellt! Die Berliner Punkerin ist kategorisch abgelehnt. »Von Ihnen?«, frage ich. »Stellen Sie sich doch nicht so dumm«, sagt der Intendant und verdreht die Augen. Er bereut unser Engagement schon vor dem Probenbeginn.

Kaum einen Tag später stellt sich mir ein junger Anzugträger aus Halle in einer Probenpause vor und bittet mich um ein nachmittägliches Café-Gespräch. Wir treffen uns im leeren Stadtcafé. Er kommt gleich zur Sache, er sei Leutnant Sowieso von der Staatssicherheit. Ich habe seinen Namen vergessen. Er fährt fort, die Kollegen hätten mir bestimmt schon gesagt, dass er zuständig fürs Theater sei. »Nein«, sage ich. Er lacht. Ich könne es ruhig zugeben. Ich sage: »Ich weiß nicht, wer Sie sind!«. Ich habe ganz andere Sorgen. Er glaubt mir immer noch nicht, lacht kopfschüttelnd und erzählt mir, was ich doch für ein sehr begabter und aufmerksamer Künstler sei. Die Arbeit meines Schauspieldirektors sei sehr – sagt er mokant –, sehr vielschichtig und es wäre gut, wenn ich ihm öfter meine Einschätzung der Theatersituation mitteilen könnte. Meine Meinung wäre ihm sehr wichtig.

Daher weht der Wind, denke ich. Eben war ich noch mit Karo der Staatsfeind, jetzt soll ich als Stasispitzel angeworben werden. Erleichtert und frech sage ich dem verdutzten Leutnant: »Ich halte es mit der Mehrheit des Volkes, ich will mit Ihnen von der Staatssicherheit nichts zu tun haben«, stehe auf und gehe. Er muss auch noch meinen Kaffee bezahlen. Ich weiß nicht, welcher

Dibbuk da in mich gefahren ist. Eigentlich bin ich doch ängstlich. Für den Abschiedssatz kann man mächtig Ärger kriegen, das weiß ich als Mehrheit des Volkes. Ich probiere weiter, vergesse das Gespräch. In Halle erzähle ich beiläufig vor einer Vorstellung Peter Sodann davon, der schleppt mich wütend in sein Büro und ruft sofort bei der Stasi an. Er beschwert sich empört, dass er als Staatlicher Leiter bespitzelt werden soll. Dann knallt er den Hörer auf die Gabel und grinst mich an. War das alles gespielt? Woher hat er die Nummer? Immerhin, Leutnant Sowieso ward nicht mehr im Theater gesehen. Und mir geschieht nichts. Verliebte, Kinder und Narren sagen die Wahrheit, deshalb haben sie manchmal Glück.

Am Hallenser Theater grassiert ein Liebesvirus. Überall Drama, Sex und Tränen. Vom Schauspieldirektor bis zu den jungen Schauspielern. Alle suchen, finden und trennen sich unentwegt. Dazu jeden Abend Alkohol. So wie man sich Theater vorstellt, ein Sündenbabel. Meine bisherigen Theater waren dagegen Klöster. Wir spüren alle, dass wir daraus eine morbide Kraft ziehen, es entsteht etwas, auch wenn die langeingesessenen Kollegen über Sodann spotten. Seine Gegner haben recht, er ist geschmacklos und sentimental, rechthaberisch und tückisch. Er kann seine Liebe und seinen Hass nicht diplomatisch verbergen. Er beleidigt und demütigt die Schauspieler, besonders die Frauen. Er ist klein mit blasser sommersprossiger Haut. Keine Erscheinung. Mit listigen wässrigen Augen taxiert er sein Gegenüber. Er saß als junger Kabarettist im Stasiknast und hat sich wieder herangearbeitet. Er hält die meisten Menschen für dumm und glaubt an den Kommunismus. »Ein gekränktes böses Kind, das um sich schlägt«, meint die Schauspielerin Marie-Anne, nachdem er sie stundenlang auf der Probe getriezt hat. Dann weint sie vor Zorn.

Abends schüttet Sodann Bier in sich hinein und nervt mit Stammtischsprüchen. Er geht als Letzter und kommt als Erster. Den kleinen Mann langweilt die Bühne des behäbigen Hallenser Mehrspartentheaters, die Spielplankompromisse mit ihrem Anrechtsbrei aus Oper, Schauspiel, Konzert und Ballett. Er findet die heruntergekommenen ehemaligen Kaisersäle im Stadtzentrum und will sie zur Spielstätte umbauen. Er nennt es neues theater. Das wollen wir machen, neues Theater. Mich begeistert seine Leidenschaft, ich bin nicht gekränkt, wenn er mich anbrüllt oder dämliche Begründungen für seine Intentionen wie hochphilosophische Erkenntnisse sächselnd von sich gibt. Bei klassischen Texten kann es passieren, dass er vor Ergriffenheit weint. Er liebt Bücher und hasst intellektuelles Gehabe. Was für ein verrückter Hund. Ein Theatertier. Er hat viele Feinde, er beleidigt jeden irgendwann einmal. Im Osten ein eigenes Theater aufbauen, was für eine Don-Quijoterie. Woher Material und Geld nehmen? »Was du nicht für dich selber tust, tut für dich kein anderer«, sagt er. »Alles für Halle und nichts für Berlin«, lautet sein Credo. Er benutzt »Alles für Halle und nichts für Berlin« als listigen Werbespruch, damit bekommt er die Unterstützung von Betriebsleitern und Lokalpolitikern, die ihn mit Material und Geld ausstatten. Völlig anarchisch baut er neben der verordneten Planwirtschaft das Theater auf. Grandios! Die Zuschauer spüren das, das »neue theater« beginnt zu leben.

Mindestens so radikal wie er seinen Bau vorwärtstreibt probt er mit uns. Ich lerne von ihm Konsequenz, Eindeutigkeit, Biss. Er wird mein zweiter Schauspiellehrer nach dem sensiblen, phantasievollen Horst Hawemann. In vielem das Gegenteil. Sodann kappt alle meine Schnörkel weg und duldet keinen Widerspruch. Ich akzeptiere das, ich mag seine grobe, kitschige Arbeitswut. Das »neue theater« als Arenabühne verlangt eine ganz andere Präsenz als die Guckkastenbühne.

Die Vorstellung ist zu Ende, in der kleinen Kantine mischen sich die Zuschauer und die Schauspieler. Die Stempel-Brüder, zwei Schauspieler, gehen zurück in den Theatersaal und veranstalten eine Session für alle. Sodann hat nichts dagegen, er ist fröhlich betrunken mittendrin. Die zwei Stempel-Brüder singen, der eine hoch und vibrierend, der andere rockig cool. Es wird eine Musikparty wie jetzt oft nach den Vorstellungen, Musiker gehen ans Piano und ans Schlagzeug. Der eine Stempel heißt Bernd, der andere Werner. So singen könnte ich nie. Werner Stempel spielte viele jugendliche Hauptrollen, bis Sodann kam. Seitdem trinkt er. Oder er trank schon früher.

**Rot und Grün.** Zwischen den Proben arbeiten die Schauspieler am neuen theater. Wir schlagen den Putz ab, schleppen Zementsäcke für das Fundament, wir streichen alle offenen Leitungen rot und grün. Rot wie das Blut, die Farbe der Arbeiterklasse, rot wie die rote Fahne, der Aufruhr und der wahre Kommunismus. Grün wie die Natur, die Achtsamkeit, die Farbe der Umweltschützer. Damit kann ich mich identifizieren. Wir fluchen über die Arbeit neben den Proben, aber alle packen an. Viele unfreiwillig aus Opportunismus und Feigheit vor Sodann, wenige aus Überzeugung wie Lutz Teschner und Dietmar Rahnefeld. Auch bei mir eine Mischung aus Druck, Einsicht und Unterwerfung. Sodann braucht unsere Arbeitskraft, er wühlt sich durch den Dreck und schaufelt noch als Letzter.

Ich gehe zur Universität und handle mit den Professoren aus, dass alle Neustudenten eine Vorstellung im neuen theater zu ermäßigtem Preis besuchen, so bekommen wir junges Publikum. Noch spielen wir auch im Großen Haus, ich genieße die klassische Guckkastenbühne mit dem Publikum im Parkett und in den Rängen. Dagegen im neuen theater die offene Bühne mit den Zuschauern rundum. Ich bin verliebt in das vergammelte Halle und glücklich in der Arbeit. Nichts passt zusammen. Die verfallende Altstadt, dazwischen unser Theater im illegalen Bau, die riesigen Hallenser Neubaugebiete, mittendurch die stinkende Saale. Derbe Hallenser mit Chemiearbeiterdialekt, Studenten von überall, die Künstler der Burg Giebichenstein, die vielen Angestellten – unser Theaterpublikum. Kein Dünkel, keine Bürgerlichkeit wie in Dresden oder Weimar. Keine intellektuelle Elite wie in Ost-Berlin. Alles bunt durcheinander, unzufrieden, neugierig und ruppig.

Was für rohe Gewalt lauert in der Stadt. Brutal wie die neuen sozialistischen Denkmäler, überdimensionierte rohe Arbeiterfäuste brechen aus dem Straßenbeton. Die riesige rote Betonfahne gegenüber vom Stadtknast. Verloren der neu vergoldete und schon wieder schmutziggraue Händel auf dem Marktplatz im roten proletarischen Halle. An der Universität die kleine Theologiefakultät. Früher war die Uni Halle die Hochburg des Protestantismus. Und Halle romantisch-schön wie Heidelberg. Seit hundert Jahren vom Leuna-Schwefel, vom Merseburg-Ammoniak zerfressen. Halle stinkt. Der Zerfall selbst in den Neubaugebieten ist nicht aufzuhalten. Sodann stemmt sich mit unserem Theater dagegen. Die Leute kommen zu uns. Nicht nur aus Halle. Sodann setzt aufs Wort, auf die belehrende Moralpredigt. Das stinkt uns Schauspieler an. Aber er ist stur. Er will seine Vision vom Theater durchsetzen. Und wenn er aus den Worten Vorgänge und Kämpfe macht, wird das Theater zur Gladiatorenarena oder zum Traumort, toll. Sodann will ein Ensemble, einen Menschenhaufen, der total hinter ihm steht. Er verachtet Schauspieler, die nur tolle Rollen spielen wollen. Er experimentiert mit uns. Er zwingt uns zu Theaterfahrten in kleinere Theater, er will uns zeigen, wie gut wir es haben. Er meidet den Vergleich mit den Berliner Bühnen wie der Teufel das Weihwasser. Das Ensemble besäuft sich mit ihm in den Tour-Hotels der kleinen Städte. Nachts schlagen die Stunden der Wahrheit. Großspurige Kündigungen im Suff. Am Morgen danach ängstlich-verkaterte Rückzieher. Wir sind ein Sauhaufen und Sodann ist der Prophet. Ich bin hin und her gerissen.

**Meine Regiepleite in Halle.** Nach fünf Vorstellungen wird das Stück »Zwei Fensterchen« abgesetzt. Versagen in Halle. »Intellektueller Nichtskönner« nennt mich der Schauspieler Wolfgang Winkler in der Kantine. »Große Klappe, nichts dahinter«. Er hat recht. Was tun? Wieder weggehen? Ich biete Sodann meine Kündigung an. »Quatsch«, wettert er betroffen, »sei nicht kindisch«. Er mag mich, das weiß ich, und ich mag ihn, obwohl wir beide vermutlich nicht sagen können, warum. – Endproben für »Die Ermittlung«, das Auschwitz-Dokumentarstück (von Peter Weiss). Eigentlich zugleich Anfangsproben, denn Peter Sodann, der Regisseur, will das Stück in einer Probenwoche herausbringen. Wahnsinn! Wie soll das gehen? Sodann erklärt allen Schauspielern, die angeklagte Nazimörder spielen, dass sie nicht spielen dürfen, sondern nur bei allen Aussagen am Satzende die Stimme hinten heben sollen. Also etwa: »Ich war bei den Erschießungen nicht dabei!«, nur hinten unschuldig empört hoch. Und den Schauspielern, die jüdische Zeugen spielen sollen, verbietet Sodann auch jede Einfühlung, sondern verlangt, dass sie analog am Satzende hinten ihre Stimme senken sollen. Also etwa: »Ich habe die Erschießung gesehen.« Hinten gefasst und bestimmt runter auf Punkt.
Ich spreche den Staatsanwalt und darf als Einziger sprechen wie ich will.
Das üben wir ein paar Tage, Sodann ruft nur »Runter!« oder »Hoch!« als Regieanweisung, und ich bin fasziniert, wie stark das wirkt, einerseits die verlogene Unschuld und andererseits das ruhige furchtbare Wissen um die Morde in Auschwitz. Sodann bringt es mit dieser simplen Technik fertig, dass alle Theaterspielerei draußen bleibt, Respekt!

**Die Stasi archiviert mich.** Meine Akte wurde geschlossen und archiviert, wie ich Jahre später in den Stasiunterlagen lese. Ich spiele für die keine Rolle mehr. Sie hatten mich noch lange im Auge gehabt, länger als nötig. Dabei bin ich doch längst angepasst und aufgesogen vom Theaterbetrieb. »Ich kenne dich jetzt, du bist wie Boestel.«, sagt Sodann in einer Probenpause zu mir. Es klingt hämisch. Boestel? Boestel ist ein älterer Schauspieler in Weimar, soweit ich weiß. »Wenn sich nichts ändert, muss ich dich umbesetzen.«, sagt Sodann noch. »Morgen lasse ich die Probe aufnehmen, du kannst dich selber sehen.« Ich habe eine Hauptrolle in dem Stück »Der große Frieden« von Christoph Hein. Ich soll einen intellektuellen Heerführer spielen. »Spiel wie Johannes Heesters!«, war Sodanns erste Regieanweisung. Wie? Operette? Ich bin verwirrt. Morgen bin ich die Rolle los. Was tun? Ich frage Berndt (Stichler), der auch mitspielt. Berndt meint, Sodann will Stil und Eleganz sehen, das würde Sodann unter Johannes Heesters verstehen. »Wie spielt man das?« – »Gar nichts spielen«, sagt Berndt. »Stehen, präzise sprechen, keine zufälligen Handbewegungen, sei wie ein Messer in der Butter. Die Fechtszenen kalt verlangsamen. Du bist ein Samurai. Vor allem: Nicht herumwackeln, stehen!« Ok, ich habe nichts mehr zu verlieren. Stehe ich eben. Sage den Text mit steinernem Gesicht. Bilde mir ein, ich sei ein Samurai.

Am nächsten Tag nimmt mich die Kamera im Rundgang über der Spielfläche auf. Mein gefilmter Untergang. Wie immer, wenn es aussichtslos ist, wenn nichts zu retten oder zu beschönigen ist, verlässt mich meine Unsicherheit. Ich sehe mir selbst zu, da im Bühnenkreis vor der Kamera. Ich konzentriere mich, bleibe kalt und spüre plötzlich einen starken Willen, einen Sog, der mich erfüllt. Ich werde zu einem Samurai, blondgelockt mit Nickelbrille im langen Ledermantel. Sodann unterbricht nicht, lässt in der Probenpause die Kamera abbauen und fragt am Probenende »Willst du das so spielen?« – »Ja«, sage ich. »Dann mach es«, ist die missmutige Antwort, er wirkt enttäuscht. Bin ich nun wie Boestel?

Nach der Premiere sieht sich die Jury vom Theaterverband aus Berlin eine Vorstellung an. Ich bekomme darauf im Deutschen Theater den Hans-Otto-Preis des besten Schauspielers des Jahres, Sodann wird bester Regisseur.

Wir könnten feiern, wir Provinzler haben es den Berlinern gezeigt. Aber es wird nichts mehr mit mir und Halle. Ich bekomme nach dem Preis nur noch kleine Rollen. Ich bin beleidigt und nur noch aggressiv, als ich schwarz geschminkt als Windhund in einem Stück über den Sklavenaufstand auf Haiti (»Der Auftrag« von Heiner Müller) bellen und hecheln soll. Bellen und hecheln, das Ende meines Halle-Traums.

Ich glaube nicht, dass mich Sodann aus Bosheit kleinhält. Ich bin ihm nur egal geworden wie viele von den Schauspielern. Auch wir sind von ihm enttäuscht. Er ist der Alleinherrscher, der Allesbestimmer, der Allesbesserwisser. Es gibt kein Schauspielleitungsaktiv mehr. Die Theater-Liebe wird zu einer Theater-Ehe, der Zauber der wilden anarchischen Anfangsjahre löst sich im Alltag auf. Aber der Saal ist voll, das Theater brummt. So sitzen viele in Halle in der Theaterkantine herum, begabt und gefangen. Fixiert auf den Anführer. Angstbesetzt und liebessehnsüchtig. Der Theaterbetrieb als Ersatzfamilie. Weggehen, aber wohin? Wer könnte mich wollen? Neu anfangen, aber wie?

**Die kleine Schauspielkantine** neben dem Zuschauerraum wird morgen geschlossen. Zum letzten Mal mischen sich Schauspieler und Zuschauer gleich nach der Vorstellung, zum letzten Mal stehe ich in der langen Schlange am Tresen. Im Zigarettenqualm sehe ich Berndt, er winkt mir seltsam extrovertiert fröhlich zu und hält mir einen Platz frei. Es sind alle da. Mein Lieblingspartner Jochen, der so ganz anders spielt als ich, die vornehme Marie-Anne, die alte Königinmutter Ursel Sukup, der lustige Straube, der fernsehverwöhnte Winkler, der eine Stempel-Bruder Bernd, selbst der scheue Hauptrollenspieler Siggi Voß – sie alle nehmen Abschied vom Kantinenchaos. Die neue, viel größere Kantine unterm Dach mit einem grandiosen Blick über Halle wird luxuriös, verspricht Sodann. Aber da oben werden wir unter uns sein. Schluss mit den spontanen Happenings und Musicessions der Zuschauer und Schauspieler, keine heftigen Debatten mehr gleich nach der Vorstellung. Mit der Oper sind wir schon lange nicht mehr zusammen, Sodann ist selbstständiger Intendant geworden und baut sein Theater. Jetzt hat er sich die Kantine vorgenommen. Schluss mit Lustig in Qualm und Enge. Eine neue Zeit beginnt, abgehoben über den Dächern von Halle.

Ich sitze in der Premiere von einem spanischen Stück über von der Mutter eingesperrte, unverheiratete Töchter: »Bernarda Albas Haus« von Federico Garcia Lorca. Franziska Hayner spielt die junge verliebte Ausbrecherin. Franziska spielt wunderbar, alle sehen jetzt ihre Kraft, Tiefe und Leidenschaft. Sie ist nicht mehr die langsame, naive Anfängerin, sie legt los, und wie! Auch alle anderen Schauspielerinnen sind beeindruckend. Die ganze Aufführung ist erotisch aufgeladen, bildstark und überraschend. Der Regisseur Frank Castorf ist seit zwei Monaten bei uns engagiert. Derselbe Castorf, mit dem ich mich vor meinem Halle-Engagement treffen wollte. Der mich dann im Café umsonst warten ließ.

Er inszeniert nicht nur grandios, er sieht auch noch gut aus. Er spricht in druckreifen Formulierungen im lässigen Berliner Dialekt. Er ist trinkfest im versoffenen Halle, die Schauspielerinnen sind alle in ihn verliebt. Ein Genie, denke ich angezogen und erschrocken vor seiner radikalen Schauspielerführung. Was machen die da? Das ist so anders als alles, was ich kenne. Rockig, dreckig und zart. Alle sieben Frauen begehrenswert. Und es wird geschlagen, geschrien, getanzt bis zum Exzess. Rebellion und Unterdrückung, kleine feine Szenen wechseln sich ab mit groben Hassausbrüchen. Wie macht der das, so klug und so leidenschaftlich? Das möchte ich können, aber ich bin dafür zu doof. »Dem hat der Theatergott in die Windeln geschissen.«, sagt der lustige Straube besoffen, »der ist ne Nummer zu groß für uns.« Alle sind von ihm elektrisiert, angezogen und erschrocken vor dem so ganz anderen Theater. Auch Sodann. Er duldet keinen Gott neben sich. Dabei verstehen sich die beiden ganz gut. Aber Sodann will keinen Konkurrenzkampf, keine Fronten im Ensemble. Er hat den Castorf engagiert und gibt ihm keine weitere Arbeit. Er bezahlt ihn ein Jahr fürs Nichtstun und lässt ihn ziehen. Wie schade. Immerhin, Franziska hat sich befreit und gezeigt, was in ihr steckt.

**Die Glückssträhne hält an.** »Das Glück ist ein Rrrindvieh und sucht seinesgleichen«, sagte Großvater mit rrollendem Oberlausitzer Rrr. In der Halle-Windstille ein Anruf von Horst Hawemann. Hawemann wird jetzt an der Berliner Volksbühne arbeiten und will mich als Assistent. Mich? Als Assistent? Was ist das jetzt, einen Schritt vor und zwei zurück ins Glied? »Nein«, sagt Hawemann, ich könne auch mitspielen, beim Film drehen und vor allem wäre es für mich eine Ausbildung zum Regisseur. »Sie müssen irgendwann Regie führen«, sagt er. Wir sind immer per Sie. Er glaubt an mich! Jetzt brauche ich keine Bedenkzeit, ich gehe zur Intendanz und will meinen Vertrag in Halle auflösen. »Brauchste nicht«, sagt Peter Sodann großzügig und zugleich missmutig, weil ich ihn verlasse. »Spiel deine Vorstellungen weiter, und wenn es nichts wird in Berlin, kommste zurück.« Ich dachte, er wäre froh, wenn er mich loswird. Ab jetzt habe ich zwei Verträge und doppeltes Gehalt! »Clever verhandelt«, meint neidvoll ein Schauspieler zu mir, als ich verblüfft aus dem Büro komme und ihm sage, was eben geschah. »Gar nicht verhandelt«, erwidere ich und bin wieder einmal überrascht von dem Chamäleon Peter Sodann. Erst besetzt er mich kaum noch, dann will er mich unbedingt halten. Großzügig und irgendwie unsinnig. Ich nehme das Geld gern. Ich spare auf ein größeres Segelboot, Boot Nummer vier.

(Der hier abgedruckte Text entstammt der noch unveröffentlichten Autobiografie »Vaters Holzbein« von Frieder Venus.
Auf dem Foto steht er am Kai der Marina des Berliner Wannsees.)

**FRIEDER VENUS** / 1950 in Zittau geboren / Schauspieler, Autor, Regisseur / Schauspielausbildung in Leipzig / erste Engagements in Eisenach und Neustrelitz / Auszeichnungen für das erste eigene Stück »Georg Büchner – Traumtanz« / Gründung einer »freien Gruppe« mit dem langjährigen Kollegen Wolfgang Häntsch führt zu Auftrittsverbot / danach als Schauspieler und später als Regisseur in Halle engagiert / von dort aus zu Horst Hawemann an die Volksbühne nach Berlin / Gastarbeiten an vielen Bühnen / Film- und TV-Auftritte

# Wir lebten in der Gegenwart und bauten an der Zukunft

KATRIN SASS

Mit der »stummen Katrin« in »Mutter Courage und ihre Kinder« begann 1981 meine Zeit in Halle. Es sollten die sieben besten Jahre meiner Bühnenlaufbahn werden. Zuvor hatte ich zwei Spielzeiten in Frankfurt an der Oder verbracht, die sich allerdings wie zwanzig anfühlten. Nun war ich bei Sodann, dem kleinen Mann, der für mich zum größten lebenden Theatermann wurde, den ich damals kannte. Obwohl in Schwerin als Tochter einer Schauspielerin groß geworden, glaubte ich, erst bei Sodann unseren Beruf wirklich gelernt zu haben und auf den Brettern, die die Welt bedeuten, angekommen zu sein. Das lag wahrscheinlich auch daran, dass ich nun spielen durfte, »was das Zeug hielt« oder wie wir in der Theatersprache sagen: »rauf und runter«, was die Literatur für eine junge Schauspielerin hergab. So war auch damals das

Theater mein Leben. Es begann nicht erst mit den Proben am Morgen oder endete mit dem Schlussapplaus am Abend. In Halle wurde nicht nur geprobt und gespielt, es wurde genauso diskutiert, gestritten, geliebt, geblödelt, getrunken, gesungen, gefeiert und körperlich gearbeitet. Immerhin bauten wir alle am neuen theater mit. Wer keine Vorstellung hatte, hämmerte, klopfte oder kratzte an den Steinen bis zum Abend. Wir lebten in der Gegenwart und bauten an der Zukunft – so herrlich intensiv fühlte sich das an. Und inzwischen ist es ja wohl unbestritten, dass durch Sodann eine Spielstätte geschaffen wurde, die deutschlandweit ihresgleichen sucht, also einmalig ist. So einmalig war auch meine Zeit dort.

Als ich 1982 zur Berlinale nach Westberlin fahren durfte und mit dem Silbernen Bären im Gepäck zurückkam, war das natürlich ein Riesenereignis für mich. Ich war überglücklich. Bekanntlich ist Freude aber erst komplett, wenn man sie teilen kann. Doch leider wusste in der DDR kaum jemand, dass diese Trophäe an mich vergeben worden war. Immerhin stammte sie ja vom Klassenfeind, galt als »von ihm gespendet«. Im »Neuen Deutschland« stand nur ein unscheinbarer kleiner Hinweis, und wer las den schon? Ich konnte also davon ausgehen, nicht gerade in gleicher Weise wie auf dem roten Teppich oder der Bühne in Westberlin geehrt zu werden.

Wie wunderbar war es dann aber für mich, dass Sodann in Halle alles dafür vorbereitet hatte, dass gefeiert werden konnte. Es war so wichtig und lebenserhaltend. Meine Theaterfamilie, mein Zuhause freute sich mit mir! Klar, dass auch Alkohol floss. Damals glaubte ich noch, nur mit seiner Hilfe dieses besondere Hochgefühl halten zu können. Ja, wir feierten, feierten wie

**40** JAHRE NEUES THEATER

üblich, weil wir es konnten, bis zum Umfallen konnten, diesmal aber ein kleines bisschen mehr. Ich sogar so, dass ich vergaß, eine Vorstellung spielen zu müssen und deshalb einfach liegenblieb.

Meine Rolle musste eingelesen werden. Es hieß, Katrin Sass sei erkrankt. Dabei war ich im Theater geblieben. Ich brauchte es, in Halle immer in der Nähe der Bretter zu sein, immer unter Kollegen, in der Kantine, die eigentlich meine Küche war, wie eben das gesamte nt mein zu Hause war. Und für dieses mein Zuhause habe ich gebrannt.

Es sollte selbstverständlich meine einzige Vorstellung bleiben, die ich durch meinen »Freudensuff« verpasst hatte. Ein Kollege trug mich damals noch huckepack durch das mit Zuschauern schon angefüllte Foyer, verpackte mich in ein Auto und fuhr zu der Adresse in Halle, wo mein Bett stand.

Sodann sagte: »Das nächste Mal kannst du für sowas entlassen werden.« Nicht nur ich bekam eine Verwarnung. Auch das war halt wie in einer Familie. Keiner wurde zum Sündenbock, wir gehörten alle zusammen, im Guten wie im Schlechten. Jedenfalls fühlte ich das damals so. Meine besten Freunde, die ich auch als so etwas wie meine Beschützer und Mitstreiter empfand, waren Thieme und Eichhorn. Ich hatte damals immer ein wenig mehr Geld zur Verfügung durch Drehtage, die mir gestattet wurden. Klar, dass ich dann auch einmal mehr für die Zechen aufkam oder angepumpt wurde. All das gehörte dazu. Ich war noch sehr jung damals. Dass ich nicht von allen und schon gar nicht um meiner selbst willen geliebt wurde, ist mir erst später klar geworden. Trotzdem möchte ich das Unbeschwerte jener Zeit nicht vergessen oder mir etwa durch besseres Wissen von heute nehmen lassen.

Mein Leben ist jetzt ein anderes. Es sind dreißig Jahre vergangen. Nach Halle folgte das Schauspielhaus Leipzig und eine lange Zeit der Arbeit ohne ein Theater, was mir Heimat sein sollte. Ich habe gelernt, sehr gut auch mit mir selber leben zu können, dennoch denke ich immer wieder gern und mit Dankbarkeit an meine Hallenser Jahre zurück, die dazu beigetragen haben, mich zu dem zu machen, was ich heute bin und fühle.

(Katrin Sass und ihr Hund Lucky wurden auf ihrem Hausboot am Rand von Berlin fotografiert.)

**KATRIN SASS** / 1956 in Schwerin geboren / Schauspielstudium in Rostock mit ersten Erfahrungen und Erfolgen beim Film / 1982 »Silberner Bär« in West-Berlin für den Film »Bürgschaft für ein Jahr« / erstes Engagement in Frankfurt/Oder / danach bis 1987 in Halle / im Anschluss zwei Jahre in Leipzig / nach 1989 freischaffend für Film und Fernsehen / u. a. regelmäßig im DDR-»Polizeiruf 110« / nach dramatischen Alkoholproblemen erfolgreiche Rückkehr auf die Leinwand mit »Heidi M.« von Michael Klier 2001 / 2003 »Goodbye Lenin« von Wolfgang Becker / heute regelmäßig im »Usedom«-Krimi des NDR zu sehen

# Einmal noch miteinander reden

## SABINE KIRCHNER

Ich komme aus der Gastronomie in Halle-Neustadt, und 1981 wollte ich da raus. Mein gelernter Beruf ist ja Stenotypistin, und ich hatte schon immer einen Hang zu Theater, Film und Fernsehen. Da bin ich mal am Theater langgelaufen und dachte: Jetzt fasst du Mut, gehst rein und fragst in der Kaderabteilung nach, ob eventuell etwas für mich da wäre. Nicht unbedingt Sekretärin oder Stenotypistin; irgendwas. Die Kaderabteilung – das war das Personalbüro. Da war eine Frau Witt, und die sagte: Im Moment nicht, und ich solle doch später noch einmal nachfragen. Ich gehe raus und die Treppe runter; da geht eine Tür auf und ein stämmiger Herr kommt raus, der Herr Müller-Kuhl, Leiter der Kaderabteilung, und der sagt: »Mensch, wir brauchen eine Sekretärin für unseren Schauspieldirektor.« Ich war Feuer und Flamme und sagte: »Ja, unbedingt.« Er hat gleich Peter Sodann angerufen, ob er mal Zeit hätte, hier wäre jemand. Ich bin rein in sein Büro – und habe mir ja unter einem Schauspieldirektor wer weiß was vorgestellt. Jetzt saß da ein kleiner Mann im karierten Hemd, Sakko, Manchesterhose … seine Markenzeichen. Wir haben uns locker unterhalten. Ich sagte: »Ich habe vier Kinder.« – »Oh«, sagt er, »ich auch«; so sind wir ins Gespräch gekommen.

Die Arbeit als Sekretärin hat mir viel Spaß gemacht. Meine stenografischen Kenntnisse waren ja nicht mehr so wie das eigentlich erwartet wurde. Wenn Sodann diktiert hat, habe ich meistens Worte geschrieben und konnte die nachher kaum noch lesen. Ich musste dann immer zu Peter rein und fragen, was er gesagt hatte – er hat sich daran gewöhnt. Bei uns oben im Büro – das war ein wichtiger Anlaufpunkt fürs Ensemble. Wegen der Besetzung wollten sie mich immer bestechen – ich habe immer gesagt: »Nee, mach' ich nicht, heute

Nachmittag im Glasgang könnt ihr lesen, wer was macht.« Das war ja für jeden und jede das Wichtigste: Was spiele ich, welche Rolle bekomme ich. Auch, weil sie ja im Landestheater so wenig spielen konnten! Deshalb hat sich Sodann ja so hinter das Kino-Objekt geklemmt. Ich musste die Kontakte zu den Baubetrieben und zur Baustoffversorgung aufbauen und halten. Mit der Kunst hatte ich nicht viel zu tun. Kunst ist schon was Schönes, aber ich bin – ich sag mal: ein Normalo.

Als Frank Castorf bei uns »Bernarda Albas Haus« inszeniert hat, habe ich öffentlich in einer Spartenversammlung gesagt, dass ich so etwas nicht verstehe. Da haben einige nicht mehr mit mir gesprochen.

Das Soziale stand bei Peter im Vordergrund, auch im Fall Castorf, die soziale Verantwortung bei jedem und jeder Einzelnen. Er hat in vielen Dingen helfen können. Ich musste Wohnungen besorgen. Oder Material – Sodann gab die Anweisungen: »Du bestellst jetzt mal in Bernburg bei der Spiegelchemie für die »Dritte Etage«, also die neue Kantine, Glasplatten für die runden Tische! Und die brauchen wir schnell, die musst du dann mit Rolli abholen!« Ralf Kirchner war technischer Leiter im Theater und seit 1987 mein Mann, inzwischen sind wir geschieden. Ich habe das also nach Bernburg gefaxt, und in der folgenden Woche haben wir die Tischplatten abgeholt. Und da sage ich: »Aber eine fehlt noch!« Und die sagten: »Jaja, die ist hier« – und zeigten mir eine Platte in der Größe eines Bierdeckels. Ich sage: »So kleine Tische gibt's doch gar nicht!« War meine Schuld – ich hatte beim Durchmesser das Komma falsch gesetzt! Und die haben tatsächlich so eine winzige Platte gemacht. Die waren so nett zu uns, weil sie immer mit Theaterkarten für eine Revue geschmiert worden sind. Im Kollektiv haben die uns besucht – an Karten war ja schwer ranzukommen. So ist das alles ineinander gelaufen: Theaterkarten für Baustoffe – das war überall so.

Die frühe Zeit war ja die schönste. Die dritte Etage war immer der Treffpunkt nach einer Veranstaltung. Jeder, der ein Anliegen hatte, kam zu mir. Ich habe immer alles versucht, um irgendwie zu helfen. Das kann ich von mir sagen, ob andere das auch so empfunden haben, weiß ich nicht, aber ich habe es gern gemacht und bin dort in der Arbeit aufgegangen. Das war die schönste Zeit in meinem Berufsleben. Ich möchte die Zeit nicht missen. Nicht nur die Trinkerei.

Später hieß es: Die Gastronomie wird erweitert um das »Café nt«, vorn an der Ecke; ich sollte die Leitung übernehmen. Mein Vertrag lief aus, und ich habe das Café mit aufgebaut. Auf der Karte sollten die Getränke immer einen Bezug zu Theaterstücken haben, etwa der »Striese«, das war ein Johannisbeerlikör mit einer Feder im Tintenfass; dann habe ich den »Totentrunk« für »Hamlet« kreiert, da habe ich Zinnbecher besorgt und Rum mit was weiß ich zusammengebraut. Die Prüfer von der HO haben alles gekostet und waren so besoffen, dass sie gesagt haben: »So geht's nicht, wir müssen die Getränke etwas dünner machen.« Das war ein Zirkus.

Das Theater war immer voll. Heute habe ich keine Verbindung mehr. Ich bin gleich nach der Wende weg. Als die Wende kam, habe ich gemerkt, dass Sodann seine Tochter als Chefin einsetzen wollte im »Cafe nt«. Und da sich mein Mann selbstständig gemacht hat, bin ich in die Firma mit eingestiegen und habe am Haus bei uns den ersten Sexshop in Halle aufgemacht. Und danach wieder eine Kneipe – ein großes Objekt. Das war eine Ruine, alles musste gemacht werden. Als Pfand habe ich mein Haus hinterlegt bei der Bank. 2002 bin ich dann in die Insolvenz gegangen, und meine Tochter hat weitergemacht.

Ja, ich habe für die Staatssicherheit gearbeitet. Und da ich im Büro vom Schauspieldirektor saß, kamen die Herrschaften zu mir. Ich habe Angst vor denen gehabt, der Familie wegen. Wenn die kamen, war ich fix und alle. In den 50er Jahren, da wohnte ich noch in Weißenfels, hat mein Onkel in Bautzen in einer Fliegerkaserne Spionage betrieben, und das ist rausgekommen. Da gab es Hausdurchsuchungen. Mein Vati musste zum Verhör. Ich habe damals alles in der DDR geglaubt, ich habe an den Kommunismus geglaubt, weil mir das von meinem Vati so eingetrichtert worden ist. Als Stalin gestorben ist, habe ich wie ein Schlosshund geheult. Jetzt weiß ich natürlich, was wirklich los war. Aber ich kann es nicht rückgängig machen.

Die Leute von der »Firma« waren immer auf Katrin Sass aus, weil sie ja im Westen gewesen ist. Wir waren wirklich sehr befreundet. Wenn sie meint, wir seien von denen bezahlt worden – das stimmt nicht. Aber die Kraft mich zu wehren habe ich nicht mehr. BILD war bei mir, RTL hat bei mir angerufen. Ach, das war schlimm, ich bin auch immer noch in psychiatrischer Behandlung deswegen, weil ich das nicht verkrafte. Gerade die Vorwürfe von Katrin. Das belastet mich sehr, bis heute. Ich habe mir immer gewünscht: Bevor ich mal den Zettel am Zeh habe, würde ich mich so gerne noch mal mit ihr unterhalten. Mein Wunsch zum 40. Geburtstag des nt, aber das wird sicher nicht klappen – dass die, die noch da sind aus der alten Zeit, mal an einem runden Tisch sitzen, Sodann, Straube, Eichhorn und alle, die noch leben. Und auch die, die gegangen sind.

Es gibt viel zu erzählen, das könnte ein lustiger Abend werden. Trotz allem.

**SABINE KIRCHNER** / 1948 in Weißenfels geboren und aufgewachsen / 1981–1986 Sekretärin des Schauspieldirektors Peter Sodann / dann Leiterin der nt-Gastronomie bis zur Wende

# Werkzeug ist heilig

## STEPHAN LUDWIG

Es gibt Zufälle im Leben, wo man jemandem begegnet, der wichtig ist – bei mir war das Markus Keitel, einer meiner besten und ältesten Freunde, der hier Bühnenmeister war. Er leitet jetzt das »Objekt 5« in Halle. Ich kam 1986 von der Armee zurück und hatte keine Ahnung, was ich machen sollte. Ich hatte einen Studienplatz angenommen, den aber nicht angetreten, weil das alles Schwachsinn war. Dann stand eines Tages Markus vor der Tür und sagte: »Komm mal mit.« Er ging mit mir hierher, und ich weiß noch, ich stand hier in dem Raum, da wurde gerade die »Revue 50« abgebaut. Markus war noch nicht Bühnenmeister und sagte zu mir: »Hier. Wir brauchen noch einen, der hilft.« Und ich hatte noch gar keine Ahnung, was hier zu tun ist. Ein paar Jahre war ich nun Kulissenschieber, dann Requisiteur. Und ich habe damals auch Bassgitarre und ein bisschen Kontrabass gespielt und war in ein paar Stücken als Musiker dabei, mit Markus am Schlagzeug. »Die Kleinbürgerhochzeit« zum Beispiel – das war großartig für uns. Das war wirklich eine eigene Welt; gerade für einen Neunzehnjährigen, der null Ahnung hat vom Leben, war das wie ein Mikrokosmos, wo man aufgefangen wurde.

Vor Peter Sodann, dem Chef, hatte man Angst. Wenn der schlechte Laune hatte und hier durchs Haus lief, guckten alle und dachten: Scheiße, jetzt kommt der gleich zu uns ... Bis man mitkriegte, dass der seine Leute wirklich liebt und sich um sie gekümmert hat. Das waren meine Anfänge.

Ich weiß nicht mal, wie viele Schauspieler hier waren ... Die Grenzen waren am Anfang völlig verwischt. Hier wurde immerzu gebaut, und dann hast du halt Leute mit Blaumännern durch die Gegend rennen sehen und hast mit denen eine geraucht. Ich war neu, ich wusste am

Anfang gar nicht, wer hier Schauspieler ist und wer Kulissenschieber. Karl-Fred Müller habe ich am Anfang immer für den Heizer gehalten, das weiß ich noch, weil der immer mit den Jungs von der Haustechnik Kaffee getrunken hat.

Dass man hier auch mit einem Zementsack durchs Haus rennt, war völlig klar. Und man hatte halt nicht das Gefühl, irgendwas zu tun, was man machen muss. Wir haben das Haus hier geliebt. »Werkzeug ist heilig« und so ein Zeug hat Sodann gesagt; und wir haben gedacht: »Was redet der denn da für einen Mist, der alte Sack?!« Aber im Nachhinein merkt man: Er hatte halt recht. Mit seinem ewigen Motto: »Die Liebe zu den Dingen«.

Klar hat Sodann allein vom Habitus, vom Äußeren und so natürlich erstmal den Eindruck vermittelt, er ist ein knorriger Krepel, was er auch ist, definitiv; aber man merkte halt mit der Zeit, dass der genau hinschaute und den Menschen genau zusah. Ich habe ihn dann später näher kennengelernt, als ich ein Tonstudio hatte und mit ihm sehr viele Karl-May-Hörbücher aufgenommen habe. Am Anfang saß ich mit zitternden Fingern vor meinem Pult und dachte: Gleich springt er auf und geht, weil ihm irgendwas nicht gefällt. Bis er zum Schluss anfing zu erzählen und mich langsam auf Augenhöhe zu sehen begann.

Für eine Inszenierung von Peter Sodann, Ursula Müller war die Bühnenbildnerin, haben wir wochenlang Tassen bemalt wie Meißner Porzellan. Das war großartig. Es gab zwei Requisiteure und sechs Kulissenschieber oder sieben. Die beiden Requisiteure konnten mich gut leiden und ich sie auch.

Was für Typen man hier so als kleiner Provinzjüngling begegnet ist ... Da saß irgendwann Frank Castorf da und hat »Bernarda Albas Haus« inszeniert. Wir dachten: Was macht der hier? Das Bühnenbild war großartig, die Unterbühne hat er zum Urwald gemacht. Wir haben natürlich auch mitgekriegt, dass Katrin Sass gesagt hat: »Mit dem arbeite ich nicht, das ist mir zu schräg!« Jörg Simonides spielte die Großmutter. Ich habe nichts kapiert, null, aber ich fand das beachtlich. Am Rande haben wir natürlich mitgekriegt, dass Sodann das alles für völligen Quatsch hielt. Aber Sodann hat die Leute definitiv auch geschützt.

Es gab für uns Schauspieler, wo wir wussten, die sind wirklich einzigartig gut. Wo aber auch klar war – die sind irgendwann weg: Thomas Bading, Bernd Stempel, Jochen Noch, auch Falk Rockstroh ... Und dann gab's die, wo man wusste: Die sitzen auch noch in dreißig Jahren in der dritten Etage und haben dieselben Gespräche wie jetzt. Wenn Sodann gedreht hat, hat er denen Rollen besorgt. Man hatte auch nicht das Gefühl von Hierarchie: hier der Künstler – da der Techniker. Wenn es »Hamlet« oder »Amadeus« gab, dann haben wir oben im Technikerraum Billard gespielt. Wir trugen auch Perücken, weil's offene Umbauten waren; und da standen wir da mit unseren Perücken und mit Thomas Bading am Billardtisch.

Das war hier wirklich wie eine Insel. Wir wussten auch, wer bei der Stasi war. Das wussten alle. Und die wussten, dass wir das wussten. Man ist, sagen wir mal, nett und freundlich miteinander gewesen; es gab eine gewisse Harmonie. Ich rede von mir – man fühlte sich auch behütet. Das war eine ganz eigenartige Konstellation ...

Ich träume noch immer von gewissen Sachen. Bei »Amadeus« etwa (da war ich schon in der Requisite) spielte Reinhard Straube den Salieri. In der großen

Schlussszene sitzt er da als alter Mann, hat einen Bademantel an, erzählt und schneidet sich die Kehle durch. Meine Aufgabe ging so: Drüben im Opernhaus in der Maske wurde ein Rasiermesser präpariert mit einem kleinen Blutball, das musste in seiner linken Tasche sein. Ich war dafür verantwortlich. Dann lief das Stück, und ich höre auf einmal die Durchsage »Requisite zur Bühne«. Ich komme hoch zu Kuno, dem Inspizienten – und wir sehen, wie Straube in der Tasche rumfummelt und das Messer nicht findet. Da hat er sich erwürgt! Und war stinksauer – Straube ist ein sehr, sehr lieber Mensch, aber da war er wirklich pappesatt. Bis wir mitgekriegt haben, dass dieser Bademantel unten in der Tasche einen Riss hatte, das war so ein altes zerschlissenes Ding ... So etwas fällt mir nachts noch ein. Das hat mich geprägt. Solche Momente.

Auch, wenn wir im »Großen Frieden« zu sechst acht Stunden die Bühne einrichteten und Treppen reinwuchteten: ein wahnsinniger Aufwand. Und abends haben wir noch in den Armeen mitgespielt, liefen immer als Soldaten rum; das haben wir genossen. Und 20 Mark dafür gekriegt. Es gab auch Klaviergeld – wenn ein Klavier transportiert wurde, bekam man, glaube ich, 50 Mark extra. Bei »Amadeus« spielte ein Spinett mit. Das wog 20 Kilo. Aber vier Typen haben das Ding rein und raus geschleppt, und da hat jeder einen Fuffi gekriegt.

Gegen Ende (ich hatte schon meinen Berufsmusikerschein) hat Kuno, der Inspizient, angedeutet, dass er wohl zur Regieassistenz wechseln werde, und gefragt, ob ich nicht sein Nachfolger werden wolle. Da habe ich eine Weile überlegt und mir dann aber gesagt: Nee. Weil ich die Befürchtung hatte, das ist ein zu gemütliches Leben hier. Länger als zwei, drei Jahre darfst du das nicht machen. Sonst sitzt du mit fünfzig im Blaumann immer noch hier. Da habe ich dann mit Markus das »Objekt 5« angefangen. Wir waren drei Kulissenschieber. Dann habe ich ein Tonstudio aufgemacht; und irgendwann durch Zufall mit dem Schreiben angefangen ... und was wir hier reden, ist meine Hommage an Markus Keitel!

**STEPHAN LUDWIG** / 1965 in Halle geboren / arbeitete nach dem Militärdienst als Bühnenarbeiter und Requisiteur am nt / war Mitbegründer des »Objekt 5« in Halle / Arbeit als Musiker / betrieb ein Tonstudio / seit 2011 schreibt er die »Zorn«-Krimis, die auch fürs Fernsehen produziert wurden

# Plakate als Gedächtnis der Stadt

## HELMUT BRADE

Ich war ja nicht fest mit dem Haus verbunden, ich war freiberuflicher Grafiker; das bin ich heute immer noch. Sehr zeitig schon habe ich für das Landestheater Halle immer mal wieder ein Plakat gemacht. Und auch für Peter Sodann, als an ein neues theater noch gar nicht zu denken war. Die Zusammenarbeit mit ihm war aus meiner Sicht sehr glückhaft. Wir haben uns sehr gut verstanden. Viele fanden ihn ja ein bisschen wurstig und grob. Ich habe nie ein Bühnenbild für ihn gemacht, nur die Grafik, viele Programmhefte, fast alle Plakate. Aber es war nicht so, dass er alles abgenickt hat. Beispiel »Dreigroschenoper« – ich hatte einen Haifischkopf entworfen, der einem Fischschwarm hinterherrast. Da sagte Sodann: »Aber Herr Brade ... bringen wir das Geld nicht selber zu den Banken?« Da habe ich das umgedreht: Fischschwarm umschwärmt Haifisch. Das ist eine sehr dialektische, sehr interessante Lösung.

Das war Zusammenarbeit – einander gegenseitig zu helfen.

Plakatgestaltung spielte ja früher eine richtig große Rolle. Wenn man nach Berlin fuhr, sah man in den S-Bahnen und an den Litfaßsäulen gleich die Highlights der Theater. So ist es auch in Paris – dass Kultur Bestandteil der urbanen Wirklichkeit wird. Ich habe das später nochmal in Leipzig versucht, als Peter Konwitschny dort Chefregisseur war. Das hatte enorme Wirkung: auf die Menschen, auf die Atmosphäre der Stadt. Plakate sind ja nicht nur Plakate, sondern sie setzen Themen, als Gedächtnis der Stadt. Ich hatte mal eine Ausstellung hier an der Moritzburg, ohne große Auswahl nach Qualität ... da kamen aber die Leute und sahen auch die Entwicklung ihrer Stadt. »Hier hatte ich Abitur gemacht und angefangen zu studieren« – jetzt konnten die Besucher anhand der alten Plakate diese

urbane Vergangenheit in Übereinstimmung bringen mit ihrem eigenen Leben.

Auf dem Plakat für »Barby« 1983 taucht erstmalig der Begriff neues theater auf. Als zentralen Titel gab's den erst zehn Jahre später. Anfangs war es noch das Landestheater Halle, dann hieß es eine Zeit lang Schauspiel Halle, und ab »Timon von Athen« 1993 neues theater; ab da ist alles neues theater, nt.

Das alte Kino, wo das nt entstand, wurde ja durchaus noch bespielt. Ich weiß das, weil ich damals auch Chef eines Filmclubs war. Und wir wurden rausgesetzt. Sodann wollte ja keinen normalen bürgerlichen Theaterbau. Er wollte eine Art Theater mit anderen Stilmitteln und anderer Atmosphäre. Da hat er eben einen Raum gesucht, und das Kino musste verschwinden. Uns als Filmclub wurde Platz im »Künstlerhaus 188« gegeben, da ist jetzt kein Kino mehr drin; wir haben über lange Zeit dort mit Erfolg ein besonderes, künstlerisches Kino betrieben, auch mit starker Unterstützung durch Willi Sitte, denn das lief über den Verband Bildender Künstler. Als die sogenannte Wende kam, dachten wir, jetzt brauchen wir das nicht mehr. Aber es erwies sich, dass es jetzt erst recht nötig war.

Theater damals war, im Gegensatz zu heute, sehr inhaltsbezogen. Man sollte das Stück möglichst verstehen, und die drei wichtigsten Merkmale für Theater heute – Video, Blut und Nacktheit – kamen noch nicht so oft vor. Das Plakat für »Bernarda Albas Haus« in Frank Castorfs Inszenierung habe ich nicht entworfen – aber ich erinnere mich an eine tolle Aufführung, die ich mehrmals gesehen habe. Das war sensationell. Das war eine wegweisende und meiner Ansicht nach auch eine der schönsten Castorf-Inszenierungen überhaupt. Er erfand noch seine Mittel, war sehr nah dran an den Stücken. Das war auch eine der schönsten und aufregendsten Inszenierungen überhaupt in Halle: toller Text, tolle Besetzung. Aber das Theater war ohnehin auf einem sehr hohen Niveau. Und dass plötzlich eine neuartige Ästhetik auf so schöne inhaltliche Weise einbezogen war, haben alle mit großer Freude gesehen.

Ich war in der Zeit hauptsächlich auch Bühnenbildner. Zuerst an der Volksbühne Berlin bei Benno Besson, dann bei Brigitte Soubeyran. Ab einem bestimmten Punkt bin ich einer der beiden festen Bühnenbildner von Peter Konwitschny geworden, für gut dreißig Produktionen der Oper, in Oslo, Kopenhagen, Bratislava, Wien, Tokio, Barcelona, Basel, Hamburg, Leipzig natürlich auch. Ich hatte ein richtiges Bühnenbildner-Leben. Wir haben gerade »La muette de Portici« von Daniel François Esprit Auber in Dortmund zur Nicht-Premiere gebracht, also bis zur Generalprobe, pandemiebedingt. Kurz zuvor hatten wir »Lanzelot« von Paul Dessau in Weimar erarbeitet, ein enormer Erfolg – mit Bühne und Kostümen von mir.

Lehrer für Kommunikationsdesign war ich auch, innerhalb des Fachbereichs an der Burg hatte ich die zentrale Professur für Grafikdesign. Daneben gab es Fotografie, Bewegtbild-Design und das Digitale. Ich war vor allem dem klassischen Grafikdesign verbunden. Wenn man nicht mehr ganz jung ist, ein wirklich angefülltes Arbeitsleben hinter sich hat und dann eine hochkarätige Lehrtätigkeit bekommt, ist das aus einem ganz verrückten Grund ein großes Glück. Denn man hat plötzlich eine enge Beziehung zu einer anderen Generation. Ich will denen ja nicht beibringen, wie man mit einem Lineal einen geraden Strich macht, sondern wie man in kulturellen Zusammenhängen als Mitwirkender kreativ arbeiten kann. Da ist es im Grunde egal, was man macht.

Ich bin ein Ur-Hallenser, von Geburt bis jetzt. Aber ich war in der besonderen Situation, und bin sehr dankbar dafür, dass ich zu DDR-Zeiten schon in Westdeutschland gearbeitet habe. Ich wollte nie »nach dem Westen«, weil ich schon im Westen war. Natürlich weiß ich, dass es hier enorme Beschränkungen gab und eine Unmenge Dummheit – ich mache ein Plakat, da ist ein Haus drauf, aus dem Schornstein kommt Rauch; und die Genehmigungsstelle sagt: »Herr Brade, haben Sie sich mal überlegt, wo da der Wind herkommt? Was wollten Sie damit ausdrücken?« Oder, weil ich so ein lustiger, kreativer Mensch bin, mache ich ein Plakat mit einem Kopf ganz aus Schrift – da sagt der Zuständige: »Herr Brade, ein sozialistischer Mensch hat keine Schrift auf dem Kopf. Das geht nicht.«

Ich bin Bühnenbildner, aber in erster Linie Grafiker; ein Plakatmacher. Und ich persönlich finde es wichtig, dass so ein Massenmittel innerhalb einer Stadt das Vorhandensein von Theater anzeigt. Ich bedaure es unheimlich, dass das nicht mehr möglich ist.

**HELMUT BRADE** / 1937 in Halle geboren / studierte 1955–1960 an der Hochschule Burg Giebichenstein / 1994–2003 Professor für Kommunikationsdesign / seit 1972 Bühnenbildner für Oper und Schauspiel / für das nt mit Peter Sodann Gestalter von Programmheften und Plakaten

# Intensiv, schön und völlig bekloppt

## JOCHEN NOCH

Gerade traf ich hier in München Frank Castorf auf der Straße, und ich erinnere mich gut an seine Lorca-Inszenierung »Bernarda Albas Haus« in Halle. Das neue theater war da noch im Bau, und Bühnenbildner Hartmut Meyer hatte die Unterbühne vollgestellt mit Grünpflanzen. Und ich fand es damals spektakulär, dass einer in diesen Grünpflanzen duschte. Eine? Einer? Weiß ich nicht mehr. Im Zweifelsfall Sylvia Rieger. Aber sicher bin ich mir nicht. Das fand ich damals toll – in diesem Gewächshaus duschte jemand!

Ich kam direkt von der Schauspielschule nach Halle. Und mein Erleben mit Peter Sodann prägt den Anfang und das Ende dort, mit zwei Gesprächen. Ich war am Studio in Karl-Marx-Stadt, und es war Intendantenvorspiel; die Intendanten reisten durchs Land. Ich hatte kein Angebot, aber mein damaliger Schulleiter stellte mich Sodann in Berlin vor, wo auch ein Vorspiel war. Mein Schulleiter Peter Förster sagte: »Komm mal mit, Jochen!« Und ich ging zu einem mir nicht bekannten Mann, eben Peter Sodann, der vor sich hinrauchte, am »bat« draußen vor der Tür ... und er sagte: »Also, du willst nach Halle?« Ich habe gedacht: Wahrscheinlich muss ich jetzt Ja sagen. Also: »Ja!« – »Warst du schon mal in Halle?« – »Nö.« – »Aber du willst nach Halle?« – »Äh, ja.« – Er machte immer unendliche Pausen ... Dann ging's weiter: »Wie groß bist du?« – »Eins dreiundachtzig.« – »Aha. Na, ich brauch eigentlich nen Kleenen.« Das ging so hin und her, mit noch ein paar sinnlosen Fragen, und dann sagte er einfach: »Naja, ich geh mal wieder rein, mir wird's hier zu kalt.« Und ließ mich stehen. Am Ende der Woche, als wir verteilt wurden (das wurde ja in der DDR so gemacht), hatte ich das Angebot, zusammen mit dem Jahrgangskommilitonen Thomas Bading nach Halle zu gehen.

Das zweite prägende Gespräch war am Ende meiner Halle-Zeit nach fünf Jahren, als ich nach Leipzig engagiert wurde. Ich wollte auch weg, nach vier, fünf Jahren als Anfänger. Ich habe ja wirklich viel gelernt. Und dann hatte ich ein Angebot, und Kollegen und Freunde meinten: Du musst es dem Peter Sodann sagen! Ich bin in sein Zimmer, er fragte: »Was willst du?« Und ich: »Ja, ich muss Ihnen sagen, ich will meinen Vertrag kündigen.« Dann war wieder endlos Pause. »Gehst du woanders hin?« – »Ja.« – »Wo gehst du hin?« Und das war ja sozusagen der Todesstoß, wenn man jetzt das Wort »Leipzig« sagte. Da habe ich »nach Leipzig« vor mich hin genuschelt. Er fragte: »Aha, warum?« – »Na, weil ich da Theater spielen will.« – »Mit wem?« – »Mit denen, die da sind.« – »Da ist keener.« Und dann gab's etwas, was ich faszinierend fand – es war nachmittags um drei, und er klopfte rückwärts an die Wand hinter sich (dahinter saß die Sekretärin), und die kam rein. Er gab ihr Geld, sie ging – alles ohne Worte. Sie kam mit einer Flasche Schnaps zurück. Und dann tranken wir diesen Schnaps und weinten. Also er weinte, und ich weinte noch mehr.

Ich habe in den vier Jahren dort mehr gelernt als in den vier Jahren an der Schule, auch weil Sodann nach Striese-Art, in theaterpragmatischem Sinn, ganz simplen Regeln folgte: Wie stehst du da? Wie redest du denn? Wenn du da stehst, kannst du das gar nicht sagen. Die kürzeste Strecke zwischen zwei Punkten ist nicht die Linie, sondern der Bogen. Dann hat er das vorgespielt. Ich glaube, ich hätte nicht weitermachen können, wenn er mir nicht begegnet wäre. Und gleichzeitig waren dieses »Nur-er-weiß-wie-die-Welt-geht«-Gehabe, dieser Alleinvertretungsanspruch und die Deutungshoheit für alle Themen unerträglich! Aber am Ende würde ich auf Sodann nie was kommen lassen. Ich würde immer sagen: Für den lege ich meine Hand ins Feuer. Nach wie vor. Das ist so.

So war ja auch die Prägung des Ensembles. Er hatte einen unglaublich rauen und mitunter auch ordinären Ton, den er spaßig fand. Viele der Männer übernahmen diesen Ton.

Ich bin 1983 da hin und 1988 weg. Natürlich gab es auch ein paar andere, die da inszenierten, aber es drehte sich alles um Sodann, und das nicht nur, um seine Eitelkeit zu befriedigen. Er war der Macher, er gab die Schlagzahl vor. Für mich war das ein Lern- und Abstoßungseffekt zugleich. Ein Jahr, bevor ich ging, ging Frieder Venus weg, und Katrin Sass ging nach Leipzig, da konnte ich jetzt auch nicht wirklich bleiben. Es war genug. Ich bin mir auch nicht sicher, ob er denen, die bei ihm unkündbar wurden, wirklich einen Gefallen tat. Ich bin bestimmt nicht sehr mobil, ich habe ja auch nur drei Engagements gehabt – Halle, Leipzig, München –, und das in München wäre vielleicht schon lange zu Ende, wenn ich nicht Leiter der Falckenberg-Schule geworden wäre. Aber ich konnte nie so viel anfangen mit diesem Familiengedanken im Theater.

Wenn man so will, war Sodanns Theater Volkstheater. Auch wenn er sich mal verhob, etwa mit »Der Auftrag« von Heiner Müller. Aber auch das wollte er halt »dem Volk nahebringen«. Und dann die Revuen: über die 40er, 50er, 60er Jahre … über die Revue wollte er Zuschauer ins Theater holen, die dann eben auch zum »Auftrag« kommen würden oder zum »Großen Frieden« von Volker Braun. Aber das war nicht die Realität, das sah man. Dieses Revuepublikum war ein anderes Publikum, vielleicht eher eins, das sich am Varieté erfreut hat. Die Revuen waren handwerklich gut, aber sie waren vor allen Dingen immer lang, die gingen immer bis Mitternacht ... Ein Teil vom Ensemble bediente, und die andere Truppe sang, man war Kellner und Spieler gleichzeitig. Die, die gerne sangen, waren gut dran – Bernd Stempel, Peter W. Bachmann, Elke Richter, Franziska Hayner ... und noch ein Lied und noch ein Lied. Ich hatte eher das Problem, dass um halb zwölf der letzte Zug nach Leipzig ging.

Neben Sodann habe ich gern mit Hella Müller gearbeitet. Das war befreiend, mit so einer im positiven Sinne verrückten Frau zu arbeiten, die sich über alles und jedes kaputtlachen konnte und auch wollte. Hella Müller bin ich ganz schnell begegnet. Ich kam in Halle an, machte irgendein Uraufführungsstück von Rudi Strahl und Peter Hacks, inszeniert von Sodann, und dann kam »Diener zweier Herren«. Hella Müller hat gesagt: Hier gibt's doch ein paar Neue, Bading und Noch. Und dann habe ich bei ihr Truffaldino gespielt, gleich im ersten Jahr, gleich am Anfang. Das war ganz toll. Sie war von einer immer zugewandten brüllenden Freude, die warf auch ihre Klamotten auf der Probebühne von sich und stand im Unterrock da, die Schuhe flogen als Erstes, schminkte sich permanent den Mund, schüttete sich irgendwelches Parfum über ... und lachte und freute sich und sprang mit auf der Szene rum. Das kannte ich so nicht und fand ich faszinierend. Klar: Auch nervend, aber faszinierend im guten Sinne, weil es so anstachelnd war, alle hatten so gute Laune. Und es gab keine Rivalität – Hella Müller war das eine und Peter Sodann war das andere.

Manchmal inszenierten auch Schauspieler, Bernd Stempel oder Frieder Venus – aber es gab keine andere prägende Handschrift am Haus. Auch deswegen war Castorf dann so außergewöhnlich, deswegen bleibt er so sehr in Erinnerung.

Was blieb von fünf Jahren in Halle? Ich habe im »Großen Frieden« von Volker Braun gespielt, mit Frieder Venus zusammen, auch mit Katrin Sass, und das war eine Schlüssel- und Initialinszenierung, für mich, aber ich glaube auch für dieses Theater. Danach hat sich Sodann an Müllers »Auftrag« rangetraut; ich habe noch Max Piccolomini im »Wallenstein« gespielt. Die Jahre waren wahnsinnig intensiv.

Wichtig ist doch, dass sich in Halle einer dafür interessiert hat, was eigentlich dieser Ort, dieses Theater in dieser Stadt bedeutet, für diese Menschen, die in dieser Stadt sind. Das sagen ja bis zum heutigen Tage alle Theatermacher, und das ist am Ende des Tages vielleicht nur auch ein Lippenbekenntnis. Aber Sodann hat halt in diesem Areal einen theatralen Gesamtraum entstehen lassen – aus einem alten Kino, wo Joachim Unger noch hinter der Wand wohnte ganz am Anfang und durch eine Tür aus seinem Wohnzimmer auf die Bühne kommen konnte; wo es zog und vorne zusätzlich noch das Studiokino war, wo man während der Probe auch einfach in die Vorstellung gehen konnte; ich hab dort, glaube ich, siebenundvierzig Mal »Jenseits von Afrika« gesehen, aber nie ganz, immer nur zehn Minuten! Aus diesem Nichts und im Baumaterialmangel der DDR entstand »step by step« dieser große Saal, eine kleine Bühne, ein Kulissenmagazin und ein Hoftheater, hier noch ein Gang, da die Kantine, etwas auf dem Dach, eine Bücherei und Bibliothek, ein Café, der nie realisierte Plan für ein Hotel ... Vielleicht ist das auch Sodanns Mausoleum. Scheißegal.

Das ist mir so nie wieder begegnet: dieses Nicht-aufhören-Können bei Sodann … Manchmal hat man wirklich das Gefühl gehabt, dass das Bauen wichtiger ist als das, was auf der Bühne stattfand. Der Bauarbeiter an sich war die heilige Kuh, der konnte reinkommen, wann er wollte. Ob gerade irgendwas gespielt oder geprobt wurde: völlig egal. Es gab Proben, da kam einer rein und rief: »Peter! Sollen wir das Geländer eher mehr hellbraun oder mehr dunkelbraun streichen?« Dann wurde die Probe abgebrochen, und Sodann sagte: »Ich komme raus!« Und dann ging er, guckte sich das an, ob hellbraun oder dunkelbraun. Oder man lud irgendeinen Laster Zement ab … Wie gesagt: scheißegal. Ich fand das intensiv und – jetzt mal im künstlerischen Sinne – auch unheimlich lehrreich.

Dieser Theaterpragmatismus. Ich: »Keine Ahnung, wie ich das sprechen soll.« Sodann darauf: »Weiß ich auch nicht. Sag's neutral. Wenn's nicht reicht, lege ich Musik drunter.« Ich fand das ambivalent, sympathisch, großartig, aber eben auch irritierend.

Halle war keine Stadt zum Leben. Es war eine Stadt zum Arbeiten. Dieses In-Halle-Sein war Arbeit. Mit tollen Menschen wie Frieder Venus oder Berndt Stichler oder Marie Anne Fliegel, Bachmann, Teska, Unger, Brankatschk, Elke Richter, Franziska Hayner und so weiter …

Und der Chef soff mit. Ging früh um vier allein von dannen, saß aber um zehn wieder auf der Probe. Es gab diesen berühmten Satz: Wer saufen will, muss auch arbeiten können. Oder andersrum: Wer arbeiten will, muss auch saufen können.

Man probte. Man spielte. Man probte. Mir ist aus heutiger Sicht gar nicht mehr klar, wie man das überhaupt geschafft hat: morgens um 8.40 Uhr in Leipzig in den Zug, Probe um zehn, nach der Probe wieder nach Leipzig, das Kind aus dem Kindergarten holen, abends um sechs zurück nach Halle, um halb acht Vorstellung. Das war völlig normal. Das hatte Intensität, das hatte Schönheit – und es hatte auch was völlig Beklopptes.

(Da die Münchner Kammerspiele im Juni 2020 coronabedingt geschlossen waren, entstand das Porträt von Jochen Noch im Englischen Garten.)

**JOCHEN NOCH** / 1956 in Leipzig geboren / Schauspielausbildung in Leipzig / erstes Engagement 1983 am nt in Halle / danach in Leipzig (dort auch Hochschuldozent) und an den Münchner Kammerspielen / seit 2007 Leiter der Otto Falckenberg Schule in München

# Der erste Wessi am neuen theater

## HANSJÖRG UTZERATH

An der Freien Volksbühne in Berlin war ich Intendant, gleich nach Piscator. Ich hatte öfter als Gast-Regisseur am Schiller-Theater bei Boleslaw Barlog inszeniert und mich so in Berlin vorgestellt. Daraufhin kam der Volksbühne-Verein auf mich zu, und wir sind uns einig geworden. Ich war ja davor in Düsseldorf und hatte ein eigenes kleines Theater dort, die Kammerspiele, und da hatten wir einen damals sehr heutigen Spielplan – ganz konsequent haben wir Beckett gespielt, Ionesco und wie sie alle hießen; im Gegensatz zum Stadttheater. So sind wir überlokal bekannt geworden. Dadurch wurde Barlog auf meinen Namen aufmerksam und hat mich gebeten, bei ihm mal Gastregie zu führen. Da habe ich natürlich zugesagt. Das war 1963! Und einen der großen jugendlichen Stars der Zeit, Klaus Kammer, habe ich auch gleich bekommen, um mit ihm zu arbeiten ...

So habe ich am Schiller-Theater inszeniert, im Großen Haus. Dann fragte die Volksbühne, und ich habe dort ab 1966 gut sechs Jahre Intendant gespielt. Piscator hatte zuvor immer nur Gäste geholt, aber ich war immer ein Ensemblemensch. Ich hab einige vom Schiller-Theater mitgebracht, habe etwa Otto Sander dazugeholt; den ich schon in Düsseldorf entdeckt hatte, von der Schauspielschule aus München geholt und mitgenommen nach Berlin. Ich hatte also prima Leute beieinander, sechs Jahre lang. Dann bin ich wieder auf die freie Bahn gekommen, habe da und dort gastiert, hauptsächlich im Großen Haus in Düsseldorf und in Bonn; und dann ist mir das Schauspiel in Nürnberg angeboten worden. Da hab ich's fünfzehn Jahre ausgehalten – das war nicht leicht. Nürnberg ist keine Theaterstadt. Es hieß immer: Das Schönste an Nürnberg ist der Intercity nach München.

Ja, und am Ende dieser fünfzehn Jahre kam Hilmar Eichhorn, für ein Jahr oder zwei ... der kam aus Halle. Er blieb bis zum Ende meiner Zeit in Nürnberg und ging dann zurück nach Halle, zu Peter Sodann, und hat mich dort empfohlen. Ihm hatte wohl gefallen, was wir in Nürnberg gemacht haben – und mein erstes Stück in Halle war dann »Tod eines Handlungsreisenden«, natürlich mit Eichhorn (aber nicht in der Hauptrolle). Das passte auch thematisch gut in die Zeit. Und es war erfolgreich. Lief gut. Da hat mich Sodann im Jahr darauf wieder geholt – ich inszenierte »Der Besuch der alten Dame« von Dürrenmatt.

Ich hab gern da gearbeitet, muss ich sagen; es war ein schönes Ensemble, und ich habe mich mit allen gut verstanden. Ich war ein Wessi, aber das stand nicht zur Debatte. Jeder wusste das, aber alle waren neugierig, wie einer aus dem Westen arbeitet. Das war der Vorgang. Und ich habe hier ja auch Stücke ausgesucht, die rein politisch an den Ort passten. Ich hatte mich schon damals in Düsseldorf viel mit Brecht befasst, die brechtsche Arbeitsweise hatte ich gut studiert. Aber Sodann wusste natürlich trotz Eichhorns Empfehlung nicht: Wer kommt denn da? Mir war nie besonders bewusst, dass ich der erste Wessi war am »neuen Theater« – es war halt Theater.

Ich habe nur Positives erfahren, auch in der Begegnung mit den einzelnen Leuten, in der Schneiderei und was weiß ich wo ... Alle waren interessiert, wie einer aus dem Westen arbeitet: Und der arbeitete nun genauso wie im Osten.

Theater ist Theater. Ob Westen oder Osten – jeder hat seine eigene Art, Theater zu machen, seine eigenen Spielweisen; aber die Arbeit selbst ist unabhängig davon, ob Ost oder West.

Ich bin übrigens jetzt auch dabei, ein Buch zu schreiben; eine Art Roman. Und ich gebe ihm ein Motto, das ich bei Max Reinhardt gefunden habe: Steck deine Kindheit in die Tasche und renn davon – denn es ist das Einzige, was du hast! Also wird das Romanchen heißen: »Kindheit in der Tasche«.

(Hansjörg Utzerath schreibt momentan selbst an einem autobiografischen Roman. Der hier abgedruckte Text in der Ich-Form ist nicht dem Manuskript zu diesem Roman entnommen, sondern basiert auf einem mündlich geführten Interview mit Michael Laages.)

**HANSJÖRG UTZERATH** / 1926 in Schorndorf geboren / nach dem Krieg Schauspieler in Meppen und Neuss / 1952 Gründung der neuen »Kammerspiele« in Düsseldorf / Gast-Inszenierungen in Berlin / 1966 Nachfolger von Erwin Piscator an der Freien Volksbühne Berlin / im Anschluss freie Arbeiten v. a. in Düsseldorf / 1977–1992 Schauspieldirektor in Nürnberg / danach zwei Arbeiten am neuen theater in Halle

# Bloß nicht Papst sein

## WOLFGANG ENGEL

Wir haben die Gründung der Theater-Insel immer sehr bewundert von Dresden aus, auch Gerhard Wolfram, der zu meiner Zeit als Schauspieler Intendant in Dresden war, und Schauspieldirektor Horst Schönemann – beide waren ja auch in Halle gewesen, vor Peter Sodann.
1972 ging Wolfram ans Deutsche Theater nach Berlin, und Schönemann inszenierte die Uraufführung von Ulrich Plenzdorfs Stück »Die neuen Leiden des jungen W.« in Halle, mit Ursula Werner und Reinhard Straube ... die habe ich auch gesehen. Da fuhr man hin. Man schaute drauf. Das war spannend. Horst Schönemann hatte auch noch »Die Aula« von Hermann Kant uraufgeführt.
Für sein neues theater hat Sodann dann ja vor allem Schauspieler engagiert, die in ihrem früheren Leben auch mal Handwerker waren, die anderen wurden gar nicht genommen. Was uns sehr verbunden hat, war seine Art, im Theater nichts in die Geschichten hineinzulegen, sondern etwas aus ihnen herauszulesen. Das war immer interessant. Das war schon vor Sodann so, in der Schönemann-Zeit, und dann auch bei ihm. Da kam das pralle Volkstheater dazu, die Liederabende, die Revuen. Halle hatte eine gute Zeit bei Sodann. Mir hat sicher nicht alles gefallen. Aber das ist normal.
Seither hat sich die Rolle von Intendanten sehr verändert. Wir kannten uns, aber wir waren in dem Sinne nicht miteinander befreundet. Heute ist es ganz unterschiedlich – ich habe sehr schöne Aufführungen gesehen und dann auch Sachen, die mich gar nicht interessiert haben. Mit Matthias Brenner, den ich ja vorher hier in Leipzig als Schauspieler engagiert hatte und der dort auch inszeniert hat, gibt's ein sehr gutes Verhältnis; bei »Vögel« von Wajdi Mouawad habe ich auch als

**40** JAHRE NEUES THEATER

Schauspieler wieder sehr gut arbeiten können mit ihm, mit großem Freiraum als Schauspieler. Man musste sich allerdings auch anstrengen und auseinandersetzen; das war nicht einfach, aber es war gut. Durch einen Schlaganfall gehandicapt kann ich mir nicht mehr so gut Text merken, mein Ehemann Martin Reik, der in Halle engagiert ist, hat mir dabei sehr geholfen. Es war einfach eine gute Zusammenarbeit mit den Kollegen. Ich habe die Zeit sehr genossen.

Ich war ursprünglich Schauspieler. Ich bin ein richtiger Schweriner und habe in Schwerin angefangen an der niederdeutschen Bühne. Ich bin am Tag nach dem Abitur zum Theater gegangen und habe gesagt: Ich will hier arbeiten. So fing das an. Als Bühnenarbeiter – aber dann wurde ich gefragt: »Du kannst doch Plattdeutsch?« – »Ja.« Und dann wurde ich getestet. Nach anderthalb Jahren habe ich beim »Zentralen Bühnennachweis« (so hieß das damals) meine Prüfung gemacht. Als Schauspieler. Das war 1965, das ist fünfundfünfzig Jahre her.

Ich hatte damals in Schwerin schon angefangen zu inszenieren; war Schauspieler und Regieassistent vor allem bei Gert Jurgons. An einem Wochenende hat er zu mir gesagt: »Montag früh sagst du mir das Stück, was du machen willst. Für die Kammerbühne.«

Es musste ein Stück sein für Kinder und Jugendliche. Und ich habe ein Stück rausgesucht, von dem Jurgons meinte, ich sei wohl wahnsinnig, das ginge gar nicht, das sei viel zu schwer für mich! Ich habe Peter Hacks inszeniert, »Der Schuhu und die fliegende Prinzessin«. Das war meine erste Inszenierung. Dann kam das Jahr 1968. Wir sollten alle unterschreiben, dass wir für den Einmarsch in die Tschechoslowakei sind. Das hat Jurgons abgelehnt. Da hat das ganze Ensemble nicht unterschrieben. Und er flog raus. Da habe ich gedacht, hier bleibe ich nicht einen Tag länger; habe mich beworben und bin von Schwerin nach Radebeul gegangen.

Das war der Anfang meines eigenen Weges! Mit Gert Jurgons, der später u. a. Schauspieldirektor in Magdeburg wurde, war ich bis zu seinem Tod in freundschaftlichem Kontakt!

Der Begriff der »Kulturinsel« in Halle zielte immer schon auf eine Art von Gemeinschaft – dass man also nicht nur die Arbeitszeit miteinander verbringt, sondern eigentlich auch einen Teil seines Lebens. So war das in Halle. Und da war Sodann ja wohl auch ziemlich rigoros.

Was das neue theater charakterisiert hat? Volkstheater – wenn dieser Begriff noch etwas bedeuten würde; nach wie vor nach Geschichten zu suchen, die viel mit uns und mit dem Alltäglichen zu tun haben. Ich glaube, dass Peter Sodann so eine Art Papst war, ein Alleinherrscher – aber wir haben mittlerweile ja alle lernen müssen, Verantwortlichkeiten zu verteilen, auch wenn wir alle immer eher gern allein entschieden hätten. Wenn man aber Glück hatte, hatte man einen tollen Chefdramaturgen und eine tollen Ausstattungsleiter, so dass die Verantwortlichkeiten auf mehrere Rücken verteilt werden konnten. So konnte das Stadttheater gut funktionieren. Und so sollte es immer noch sein.

(Auf dem Bild ist Wolfgang Engel mit seinem Ehemann, dem Schauspieler und Musiker Martin Reik, zu sehen, der seit 2011 am neuen theater engagiert ist.)

**WOLFGANG ENGEL** / 1943 in Schwerin geboren / seit 1965 Schauspieler und Regisseur, später auch Dozent an der Schauspielschule Berlin / Regisseur in Dresden / nach kurzer Zeit in Frankfurt am Main von 1995–2008 Intendant am Schauspiel in Leipzig / hat in Matthias Brenners Intendanz »Othello« in Halle und John von Düffels »Ödipus-Stadt« inszeniert / zuletzt Arbeit als Schauspieler in Brenners »Vögel«-Inszenierung von Wajdi Mouawad

# Und, Frau Gummich, woran arbeiten Sie gerade? – An meiner Persönlichkeit, Herr Sodann!

## ANNE-KATHRIN GUMMICH

**1986**

Beim Intendantenvorspiel hat der Intendant vom Theater Halle Interesse an mir bekundet.

**1987**

Er engagiert Kitty (Diana Urbank, meine beste Freundin aus gemeinsamer Studienzeit) und Andreas Unglaub (ebenfalls unser Kommilitone) und macht mir kein Angebot.

Ich möchte unbedingt an ein Bezirkstheater. Ich kämpfe dafür.

Ich fahre nach Halle zu einem Gespräch mit dem Intendanten und soll mir dabei gleich ein Stück ansehen. Es läuft »Bernarda Albas Haus«, inszeniert von einem Regisseur namens Frank Castorf. Es gab Krach in den Proben: Katrin Sass, die Freundin des I., ist aus der Produktion ausgeschieden. Nun spielt ein Mann diese Rolle. Spannend.
Peter Sodanns Sekretärin, Sabine K., ist sehr nett und informiert mich über alles.

P. S. sagt, dass ich ihn als Schauspielerin interessiere. Und fragt, warum ich an sein Theater will. Ich bin auf die Frage vorbereitet – weil hier so viele tolle Schau-

spieler sind. Ich möchte gern mit Thomas Bading, Peter W. Bachmann, Peer-Uwe Teska spielen.
Er könnte mich engagieren, hätte aber keine Rollen für mich.
Ich sage, dass mir das nichts ausmacht; dann mache ich eben die Kantine oder souffliere.
Meine Vehemenz scheint ihn zu beeindrucken.

Bekomme eine schöne Dachgeschosswohnung in der Schillerstraße. Privathaus.

Habe meinen Lohn im Lohnbüro abgeholt.
Bruttolohn   1.000 Mark
Nettolohn      870 Mark
Miete             40 Mark

Kaum am nt, schon übernehme ich die Constanze in »Amadeus« mit Thomas Bading als Spielpartner!
Ist der nett und sensibel, der Bading! Er nimmt mich an die Hand und führt mich durchs Stück bis zum Applaus. Zum Verlieben!
Ab jetzt spiele ich die Constanze und probiere in jeder Vorstellung Neues aus.

Habe nachts immer Schiss, durch die dunklen Straßen von Halle nach Hause ins Paulusviertel zu gehen.

Sodann bittet mich um zwei Dinge: erstens nicht so viel in der Kantine rumzusitzen, denn die Schauspieler würden nur Mist reden; zweitens nicht während der drei Jahre meiner Absolventenzeit schwanger zu werden.

Zweite Rolle: Warwara in »Sommergäste«, eine große Rolle.

Ich kann mit Sodanns Regie wenig anfangen, er demütigt mich. Ich kann nicht mehr, schreie wütend und hohl den Text und heule. Jochen Noch verteidigt mich. Das tut gut. Sodann gibt mir ein Taschentuch.
Vierzehn Tage vor der Premiere werde ich einbestellt.
»Entweder du spielst die Rolle so, wie du es willst, oder wie ich es will. Aber entscheide dich!«
Das ist eine Ansage.

Sodann holt Axel Reinshagen aus der Entzugsklinik. Er kommt in seiner Rolle, stockbesoffen mit hochrotem Kopf auf mich zu. Ich, Absolventin und dreiundzwanzig Jahre jung, habe wirklich Angst vor ihm. Sodann bringt ihn nach der Vorstellung wieder in die Klinik.

## 1988

Zurzeit sind von uns Schauspielerinnen nur zwei besetzt. In »Hamlet«. Ich übernehme die Kantine, brate Buletten, schmiere Brötchen, backe Kuchen. Auch das macht Freude und wird von den Kollegen sehr gut angenommen.

Sodann bekommt von einer Schauspielerin, seiner Freundin, auf einer Premierenfeier ein Glas Sekt ins Gesicht. Das Glas zerschellt. Sie bekommt ab sofort Hausverbot.

Inzwischen habe ich vier Eimer und Schüsseln aufgestellt, um das Regenwasser, das in meine Wohnung tropft, aufzufangen.

Ich unterrichte an der Schauspielschule Leipzig und arbeite eine Szene aus »Amadeus«, da kenne ich mich aus.

Lutz Teschner, der zur Theaterleitung gehört, hat mich gefragt, ob ich Regie machen möchte. Ich darf mir ein Stück von den Absurden heraussuchen. »Der Tropfen« – ein im Dunkeln zu spielendes Stück.
Ich traue mich. Eine wunderbare Arbeit mit Falk Rockstroh und Jochen Fahr.

Der Alkoholumsatz am nt ist hoch. Hier gibt es bereits am Morgen Bier in der Kantine.

**1989**

Wirklich, ich lebe in finsteren Zeiten.
Kurz vor meinem Auftritt flüstert mir Kitty zu, dass sie und Bruno (Frank Apitz) am Freitag über Ungarn in den Westen abhauen würden. Mir stockt der Atem. Wie kommen sie darauf? Einfach abhauen! Wie soll ich jetzt durch die Vorstellung kommen? Ich reiß mich zusammen.

Ich weiß, dass morgen, Sonntag Vormittag, »Don Juan« ausfallen wird, weil Kitty und Bruno die Flucht geschafft haben oder im Knast sitzen.
Lutz Teschner klingelt 5.30 Uhr bei mir, berichtet an der Haustür, dass K. und B. weg sind und die V. ausfallen muss.
Die Schleusen dürfen sich endlich öffnen. Ich heule wie verrückt. Endlich löst sich dieser Riesenschmerz.

Probenkommunikation bei P. S.: Du kommst von links, gehst nach rechts. Sprich leiser, und steh nicht wie so ein chinesischer Reisbauer auf der Bühne. Nächste Probe: Du kommst von rechts und gehst nach links. Warum sprichst'n du so leise? Sprich lauter, noch lauter, noch lauter. Siehste, geht doch.

Der Nächste! Mein Kommilitone Andreas Unglaub ist mit Frau und Kind in den Westen abgehauen. Ich steige die Treppen in der Harnackstraße zu seiner Wohnung hinauf und finde tatsächlich (!) seinen Wohnungsschlüssel in der Klorolle auf dem Außenklo. Wahnsinn, die Wohnung sieht so belebt aus, der Kühlschrank ist voll, dreckiges Geschirr steht herum. Beim Anblick der Spielecke des Kleinen kommen mir die Tränen.

Sodann hat organisiert, dass ich in Unglaubs Wohnung ziehen kann. Endlich wohne ich trocken.

Er meint immer, man solle ihn nicht an seinen Worten, sondern an seinen Taten messen.
Da hat er mal recht.

Heute Leseprobe à la Sodann. Mit umgehängtem Schwert.

## 1990

»Ritter der Tafelrunde« – der Intendant spielt mit, zeigt sich gütig und verletzlich!

## 1991

Ich habe ein Hoftheater/Ephraim Kishon am nt inszeniert.

Ich mache ein Szenenstudium nach dem anderen, die dritte Anfrage muss ich absagen.

»Das Orchester« gespielt mit dickem Bauch, und zwei Tage später begann meine schönste Rolle, die der Mama von Nina.

Sabine K. war IM. Das gibt's doch nicht!

## 1993

Sommertheater, »Kirschgarten« etc., früh und abends Proben, nachmittags Text lernen auf dem Spielplatz. M. ist das beste Kindermädchen der Welt.

Sodann hat wieder schlechte Laune, wie immer am Morgen. Besonders, wenn er vom Rat der Stadt kommt. Auf der Treppe fragt er mich mürrisch und provokant: »Und, Frau Gummich, woran arbeiten Sie gerade?«; mit der Unterstellung, außer ihm wären sowieso alle faul. Ich antworte leicht aggressiv: »An meiner Persönlichkeit, Herr Sodann!«

## 1994

Mein Komödienjahr.

Diese Monokultur am nt nervt. Der Patriarch inszeniert. Oder einer seiner (unbegabten) Untertanen. Keine wirkliche Bereicherung in Sicht.

## 1995

»Revue 20«. Habe drei bis vier Kilo abgenommen. Die Choreografieproben nehmen kein Ende. Machen großen Spaß. »Was kann der Sigismund dafür«, »Guck doch nicht immer zu dem Tangogeiger hin«, »Du bist als Kind zu heiß gebadet worden«. Samstags kommt Nina mit zur Probe und ist glücklich.

Der zweite Teil der Revue kostet ganz schön Überwindung. Die Zuschauer essen »Bockwurscht und Kortoffelsallat«, die dritte Flasche Wein wird serviert und die Geräuschkulisse aus dem Zuschauerraum erreicht ihren Höhepunkt. Wir versuchen, oben auf der Bühne gute Gesangsmiene zu machen.
Hoffentlich kann das Kindermädchen bis nach Mitternacht bleiben. Wieder 5 × 25,00 DM diese Woche.

Hurra! Gert Jurgons strahlt eine große Zuneigung zu uns Schauspielern aus. Da kann ich mich wunderbar hingeben und entfalten. Meine schönste Rolle: Belinda in »Schöne Bescherungen«.

**1996**

Eine tolle Tradition, die Feier am 1. Mai. Und man geht da freiwillig hin. Alle nt-Mitarbeiter mit Kind und Kegel und wer sonst noch möchte, läuft einmal um den Theaterblock und singt dabei Kampflieder, hält Transparente hoch. Dann hält Sodann eine immer anregende politische Rede und unsere Kinder stehen auf der Tribüne, Fähnchen schwenkend. Süß, wie engagiert Nina da mitmacht. Hab sie heute schön rausgeputzt.

Dann wird gesoffen.

Ich inszeniere »Das Phantom der Operette«. Sodann fragt nach der Probe, wie viel Text da noch Original ist. Alles original. So hat er sich die Umsetzung auf die Bühne wahrscheinlich nicht vorgestellt.

**1997**

»Die Singenden Handtaschen« zu proben, macht so einen Spaß. Endlich selbstbestimmt arbeiten. Kathleen, Ana und ich spinnen rum, improvisieren. Berni schreibt mit und sagt uns hinterher, was wir gemacht haben, was wir weiter verfolgen sollten, was Mist war. Vier Frauen – ausgelassen, respektiert, angstfrei. Lange nicht so gelacht.

Hurra! Endlich mein Theaterstil. Wekwerth inszeniert »Richard III.«. Ich spiele Margarethe, und zwar so, wie ich jahrelang in Berlin Theater gesehen habe. Mein Verständnis von Theater.

Ich inszeniere ein Sommertheater »Die beiden Veroneser« in Leipzig.

Schrecklich: Wir müssen uns jetzt in eine Liste eintragen und in »Strieses Biertunnel« nach der Vorstellung kulturelle Beiträge kredenzen. Kleinkunst. »Maitre de Plaisir« im »Café nt« zu machen, hat mir schon gereicht! Man kann sich nicht oft genug zum Äppel machen hier in Halle.

### 1998

»Die Singenden Handtaschen« mit über hundert Vorstellungen verlieren Frau Dröse. Ana geht weg vom nt. Das bestgehütete Geheimnis am Theater: Wer wird ihre Nachfolgerin?
Zu Frau Nimmich und Frau Hoppel-Mötze kommt nun Herr Rohr, gespielt von Andreas Range und wieder eine »fröhliche« Zeit für Spieler und Publikum.

### 1999

Bekam heute Anruf von einer Sprecherzieherin, ob ich mich nicht auf eine Dozentur an der Hochschule bewerben möchte. Eine Frau für so eine Stelle wäre wichtig. Eigentlich bin ich noch zu jung dafür. Andererseits würde ich in zwei Jahren bei Sodann unkündbar sein. Sozial toll, aber künstlerisch Beamtentum.

Erstmalig spiele ich unter der Regie einer Frau. Ein Goethe-Programm.

Ich inszeniere »Das Fenster zum Flur«.

Ich verlasse das nt in Richtung Leipzig. Es ist so schön zu sehen, wie sich Studierende entwickeln; bei der Arbeit mit den Studis begreife ich erst richtig die Arbeit des Schauspielers. Weiter geht's. Und danke für die Zeit und die Möglichkeiten, mich zu entwickeln. Dank an alle und Peter Sodann.

(Die Badewanne auf dem Bild mit Mutter und Tochter steht in einem Münchner Hotel, in dem Nina Gummich während Filmdreharbeiten im November 2020 wohnte.)

**ANNE-KATHRIN GUMMICH** / 1964 in Ost-Berlin geboren / nach dem Schauspielstudium in Leipzig von 1987–1999 am nt / seit 2005 Professorin und mittlerweile Dekanin an der Hochschule für Musik und Theater »Felix Mendelssohn Bartholdy« in Leipzig / spielt in zahlreichen TV- und Kinoproduktionen

# Ich bin noch nicht groß genug, um wieder klein sein zu können

## NINA GUMMICH

**31.12.1996
(Fünf Jahre alt)**

Die kleinen dicken Füße der freundlichen Garderobiere, die über die viel zu engen, hohen Schuhe quellen. Mama wird geschminkt, zieht sich um in ihrer Garderobe und ist die Schönste. Der süße Geruch in der Maske, eine Mischung aus Puder, Parfüm und Perückenkleber. Der gut gelaunte Maskenbildner, der mich zum Lachen bringt und sich immer wieder den Schweiß von der Stirn wischt beim Arbeiten. Tausend verwinkelte Theatergänge und ich weiß ganz genau, wo es langgeht. Wiener Würstchen in der Kantine, ich will mit Bier ausschenken und darf so lang wach bleiben wie sonst keiner in meinem Alter.

Vor einer Woche war Weihnachtspakete packen mit dem ganzen Theater für Familien in Afrika. Zucker, Milch, Mehl ... Ich lasse Mama nicht von meinem Apfel abbeißen, und sie findet das blöd.

Ich sitze hinter der großen Glasscheibe der Inspizientin, vorne rollt ein Schauspieler einen Riesenkäse über die Bühne und singt dabei; ich glaub, es ist Silvester. Das letzte Jahr war gut, außer beim Maibaumfest am Theater, als ich noch zu klein war, um hochzuklettern, dabei wollte ich so gerne eine Uhr haben, die oben dranhing. Ein Mädchen hatte sich neun Stück da heruntergeholt. Ich nahm meinen ganzen Mut zusammen, um sie zu fragen, ob ich eine abhaben könnte. Die Antwort lautete »Nein«. Irgendwann werde ich groß genug sein, um da hochzukommen. Ich schlafe ein. Wenn die Vorstellung vorbei ist, wird mich jemand nach Hause tragen.

**20.5.2000
(Zehn Jahre alt)**

Meine ganze Familie ist Teil des Theaters, das Theater mein Zuhause, meine Kinderstube. Mama ist inzwischen Schauspieldozentin an der Hochschule in Leipzig, inszeniert aber weiter in Halle. Papa ist wieder zurück am neuen theater, aber diesmal nicht als Schauspieler, sondern als Oberspielleiter. Meine Stiefmutter steht neben mir auf der Bühne. Und der Stiefvater, inzwischen frei beim Film, coacht mich und schaut heute Abend zu: Ich habe Premiere auf der Bühne im Hof mit »Gretchen 89ff«.

Es ist Sommer, ich bin im Spaghetti-Top und überhaupt nicht aufgeregt, denn ich bin ja zu Hause. Kurz vor der Vorstellung zeigt mir meine Stiefmama ein Ultraschallbild von ihrem Bauch: ich bekomme einen Bruder. Jetzt bin ich doch aufgeregt, aber anders. Im Publikum sitzt außerdem meine beste Freundin Karoline, Tochter von nt-Schauspieler Peer-Uwe Teska, die heute Geburtstag hat. Wir kennen uns, seitdem sie auf dem Bauch meiner Mutter lag und gewartet hat, dass ich da rauskomme. Ich weiß, dass in der Schreibtischschublade auf der Bühne eine Zigarettenpackung der Marke »Karo« liegt, und ich denke, das ist ein Zeichen, dass wir als Freundinnen ewig zusammen sein werden. Am meisten freue ich mich darauf, gleich »Es war ein König von Thule« vorzutragen, denn ich singe gern und habe dafür wochenlang geübt. Ich schnappe sowieso viele Lieder auf, wenn ich bei Vorstellungen zusehe, und trällere sie dann zu Hause vor mich hin. Neulich habe ich anlässlich von Omas Geburtstag folgendes Lied aus dem Theater für sie präsentiert: »Du bist als Kind zu heiß gebadet worden, dabei ist dir bestimmt geschadet worden, mein lieber Freund, ich sag dir's ins Gesicht: Du interessierst mich nicht, du interessierst mich nicht.« Das kam nicht so gut an. Theater ist vielleicht doch nicht für alle aus der Familie ein Zuhause.

**18.7.2013**

Die Entscheidung ist gefallen: Ich werde im Rahmen meines Schauspielstudiums an der »Hochschule für Musik und Theater Felix Mendelssohn Bartholdy« die nächsten zwei Jahre mit meinen Kommilitonen am Staatsschauspiel in Dresden weiterlernen und nicht am nt Halle wie die andere Hälfte meines Studienjahres. Ich bin erleichtert, ich möchte erwachsen werden und innerhalb dieses Prozesses nicht dahin zurückkehren, wo meine Kindheit schlummert. Ich möchte keine »Ach, die kleine Nina damals ...«-Geschichten erzählt bekommen und auch nicht, dass jemand von meinen Mitstudierenden erfährt, dass ich damals »Frau Schmidt« oder »Noschi« oder »Nöschrich« genannt wurde. Denn alle, die mich noch kennen aus dem Theater, sagen das dort weiterhin zu mir, obwohl ich inzwischen zweiundzwanzig Jahre alt bin und nicht mehr fünf. Und ich bin noch nicht so weit. Aber in diesem Punkt ist die Zeit dort stehen geblieben. Ich bin noch nicht groß genug, um wieder klein sein zu können. Aber ich fahre jedes Mal dorthin, wenn meine Kommilitonen dort eine Premiere oder ein Vorspiel haben.

Die Gänge sind neu verschachtelt, es gibt jetzt einen Fahrstuhl, und die Kantine hat eine Dachterrasse – ich kenn mich nicht mehr aus. Von meinen Eltern ist dort niemand mehr, aber es hängen Fotos von ihnen an den Wänden. Es ist zur gleichen Zeit ehemalig, neu und vertraut für mich. Eine abstruse Mischung. Was einmal war, ist nicht mehr greifbar, aber vorhanden. Was ist, definiert sich neu und ist doch geprägt von der Vergangenheit. Und die Zeit bahnt sich ihre Wege, egal, ob man hinterherkommt oder nicht.

**NINA GUMMICH** / Anne-Kathrin Gummichs Tochter / geboren 1991 / erste Filmerfahrung als Neunjährige / Förderpreis zum Deutschen Fernsehpreis 2009 / ab 2011 Schauspielstudium in Leipzig / Engagement am Hans Otto Theater in Potsdam bis 2018 / dann freie Film- und Fernseharbeit

# Meine Hand für mein Produkt? Mit mir nicht!

## FRANK CASTORF

Nach Halle kam ich aus Karl-Marx-Stadt; aber offizielle Unterlagen über diesen Vorgang liegen nicht vor. Die Strafversetzung nach meiner Inszenierung »Golden fließt der Stahl« in Brandenburg betraf Anklam.

Nach dem Auseinanderbrechen von Anklam war die Schauspielerin Gabi Gysi in den Westen gegangen. Und der für Kultur und Wissenschaft zuständige Kurt Hager hatte den Haftbefehl von der Staatssicherheit aus Neubrandenburg aussetzen lassen, weil – wie es hieß – keine neuen Märtyrer geschaffen werden sollten. Die Möglichkeit zur Ausreise in die Bundesrepublik gab es – dann aber für immer. Und das kam für mich nicht in Frage. Ob es danach die interne Empfehlung gab für Intendanten, mich zu beschäftigen, kann ich nicht belegen; aber Einladungen kamen aus Gera und Frankfurt/Oder. Besonders angenehm war es mit Gerhard Meyer in Karl-Marx-Stadt, da sind »Der Bau« von Heiner Müller und Ibsens »Volksfeind« entstanden. Und Meyer hat wirklich für mich gekämpft, wie später auch Friedo Solter und Dieter Mann am Deutschen Theater.

Dann kam die Anfrage aus Halle. Mit Peter Sodann gab es ein angenehmes Gespräch. Es ging um ein Stück, das Ernst Schumacher geschrieben hatte; über die Verantwortung des Wissenschaftlers. Das fanden wir aber beide nicht so toll und haben uns auf »Bernarda Albas Haus« von Lorca geeinigt.

Das war ja ein Frauenstück. Aber gottseidank fanden sich auch zwei Männer für die Besetzung: Jörg Simonides etwa spielte die schizophrene Großmutter. Er kam von der Schule in Rostock, und das war wirklich ein sehr schöner Einstieg für ihn. Die Bühne war von Hartmut Meyer. Das war ja die Zeit, wo er schon den Ausreiseantrag gestellt hatte. Er hat die Schönheit eines Realraums gefunden, mit Menschen drin, die arbeiten mussten: die Bediensteten, die Frauen, die den Boden gesäubert haben, auf dem die anderen getanzt hatten und ihre linksradikalen Träume versuchten zu verwirklichen.

Das war eine schöne Arbeit, ohne filmische Mittel; großbürgerlich, in diesem Festsaal – ein großer, leerer, würdevoller Raum, wo Frauen sich trafen, die Geld hatten und die man wahrscheinlich als Salon-Bolschewistinnen empfand. Marie-Anne Fliegel war Bernarda, sie war damals schon prägend in Halle; wie auch jetzt, fünfunddreißig Jahre später, in »Berlin Babylon«: diese Härte, diese Kälte, diese enorme Lebenslust – eine sehr besondere Schauspielerin. Aber alle sind in guter Erinnerung: Franziska Hayner etwa. Und natürlich Sylvia Rieger.

Durch die Dauer der Aufführung, durch die Art und Weise, wie Frauen sich hier auch in einer sexuellen Attraktivität vorgestellt haben, wirkte all das wohl sehr ungewöhnlich. Das war ja eine Zeit, wo mich Pina Bausch noch sehr beeinflusst hat, und dann dieser große schöne Raum im Verfall, der viel mit der Dekadenz der Zeit zu tun hatte, in der Lorcas Frauen gelebt haben; aber sie waren halt entkernt, aus der sozial-historischen Zuordnung und ins Große entlassen mit all ihren Sehnsüchten.

Und es war eine Arbeit mit allen – nicht nur mit einer, die sich vermeintlich als Star fühlte. Einmal im Jahr machte Peter Sodann eine Reise, mit dem Ensemble und irgendwohin, da haben wir sehr schön gegessen und getrunken, und es kam zur großen Auseinandersetzung, handgreiflich und mit Türeneintreten; wie das in Halle und in diesem Ensemble aber nicht ungewöhnlich war: eine Art »Nacht der langen Messer«, in der untereinander abgerechnet wurde. Da fühlte sich Katrin Sass (die im Lorca-Stück mitspielte) wohl menschlich verletzt und wollte, dass ich mich bei ihr entschuldige. »Das wird kaum stattfinden«, habe ich geantwortet. Dann sie: »Dann muss ich aussteigen.« Und ich: «Selbstverständlich, mach das.« Das war zwei Tage vor der Premiere. Sie hat mir dann später gesagt (so habe ich es jedenfalls in Erinnerung), dass es ihr leid getan habe. Sie hat die Aufführung gesehen.

Ich bin mit Sodann gut ausgekommen, kann nichts Schlechtes sagen; vielleicht suchte er ja damals eine Art Gegengewicht zu sich selber, eine Anti-Energie. Vielleicht war's der Traum von Peter, dass ich dort als eine Art Kronprinz inthroniziert würde; das war aber nicht realistisch. Die Auseinandersetzungen mit ihm jedoch und seine Großzügigkeit, auch sein vehementer Widerstand gegen diesen Hauptstadt-Zentrismus in der DDR – das war mir alles immer sehr angenehm.

Er hat bald eingesehen, dass Halle nicht der Höhepunkt in meinem Leben bleiben würde. Wir wollten eigentlich zwei Inszenierungen machen, nicht eine. Er hat mich sehr fair behandelt. Und ich glaube, er hat auch meinen Zugang zu Schauspielern und Schauspielerinnen gesehen; und dass das etwas mit professionellem Handwerk zu tun hatte. Was bei seinem ganz anderen Realismusbegriff natürlich etwas ganz anderes bedeutete. Aber weil er sich vielleicht an die eigene Gefährdung und die strafrechtliche Verfolgung unter Ulbricht in der DDR erinnern konnte, hatte er für meine Arbeit eine grundsätzliche Sympathie.

Wir haben uns kennengelernt bei ihm im Intendantenzimmer. Er war ja fast immer am Bauen. Das ist wirklich erstaunlich, wie viel einer schaffen konnte, wenn er nur wollte, und wie er mit Menschen umgehen konnte. Das

**40** JAHRE NEUES THEATER

konnte er. Wir waren einander relativ – glaube ich – sympathisch, vom ersten Zusammentreffen an.

Und da arbeiteten tolle Leute – neulich treffe ich in München auf der Maximilianstraße Jochen Noch, der damals auch dabei war, und frage ihn: »Bist du nicht mehr in Halle?« Aber er ist natürlich schon seit Jahrzehnten weg und Direktor der Schauspielschule von den Kammerspielen. Er war überrascht. Und Jörg Simonides hätte glatt mit nach Berlin kommen können ...

Halle – das war damals eine Stadt, wo zwar keine Bombe gefallen war, danach aber viel dafür getan wurde, dass sie kurz vor dem Verfall stand. Aber es war sehr angenehm, dort zu arbeiten. Die Frauen waren sehr nett. Und »Halle-Neustadt« war und blieb eine Art Metapher: für den Traum eines anderen Wohnens, so wie Marzahn. In den Kneipen hat man viele Leute kennengelernt. Ich kann mich an das PU erinnern – »Pilsner Urquell«.

Aber in der Zeit war ich auch schon auf einer anderen Reise. Ich wusste: Wir bleiben nicht in Halle. Und später auch nicht am Deutschen Theater. Da hätte ich auch im Laden meines Vaters bleiben können. Und Sodanns Erwartungshaltung, dass alle Kumpels sind, mitarbeiten und Baustunden leisten, blieb mir fremd – »Meine Hand für mein Produkt« ... mit Verlaub: das war für mich nicht vorstellbar.

**FRANK CASTORF** / 1951 in Ost-Berlin geboren / Studium der Theaterwissenschaften / Ende der 1970er Jahre erste (oft verbotene) Regiearbeiten in Senftenberg und Brandenburg / ab 1981 Oberspielleiter in Anklam / danach »Wanderjahre« durch die DDR / seit 1989 auch in Westdeutschland tätig / 1992–2017 Intendant der Volksbühne Berlin / seither freier Regisseur

# Manchmal hängt es am seidenen Faden

## HILMAR EICHHORN

Ich weiß nicht, was aus mir geworden wäre, aber bestimmt kein Maschinen- und Anlagenmonteur, vielleicht doch irgendwann dann Schauspieler ... Jedenfalls kam ich an die Schauspielschule nach Berlin und dann ging ein anderes Leben los.

Ich habe drei Jahre dort studiert, und zwar von 1972 bis 1975. Und hatte Glück, schon Filmrollen zu bekommen, »Lotte in Weimar« war in der Zeit. Mein erstes Engagement von 1975 bis 1980 war an den Bühnen der Stadt Magdeburg. Da standen mir die Tränen in den Augen. Ich kannte ja nur Dresden und Berlin und dachte, in Magdeburg kann man eigentlich nicht leben. Hier zieht's nur überall und ist eigentlich scheiße die Stadt ... Börde. Ich traf dann aber zauberhafte Kollegen, wie gesagt, der Peter Sodann, der Schauspieldirektor dort war, Thomas Thieme, den kenne ich auch seit dieser Zeit, der kam aus Görlitz-Zittau und wurde 1975 in Magdeburg engagiert. Wir haben alles gespielt, was gut und teuer war. Das waren die Anfängerjahre.

Ich bin dann nach fünf Jahren, auch wieder mit einer Träne im Knopfloch, weg, habe mich verabschiedet und ging dann schon mal nach Halle. Und dort kam es dazu, dass ich mich irgendwie mal von Peter Sodann, also vom Vati, abnabeln wollte, um zu sehen, was es sonst noch so gibt. Auch von der Regiehandschrift. Und ging dann 1982 ans Schauspielhaus nach Leipzig und spielte auch dort die Hauptrollen. Ich habe mich im Prinzip an jedem Theater durchsetzen können.

Ich hätte auch nach Schwerin gehen können, aber ich hatte damals schon die Nase voll von der DDR und wollte eigentlich nach dem Westen. Kayser hatte oft Gastspiele im Westen gemacht. Man konnte also »fernbleiben«, so man denn besetzt war in diesem

Stück. Wir fuhren in die Jahrhunderthalle in Höchst mit »Othello«, ich spielte den Jago. Das war ein großes Erlebnis, vor 2.000 Leuten da in der Jahrhunderthalle, zu spielen. Andererseits wohnten wir mit meinem anderthalbjährigen Sohn in Leipzig in einer Sechseinhalbzimmerwohnung mit Telefon und Garage für 150 DDR-Mark zur Miete. Hab's emotional nicht hinbekommen. Ich bin dann mit irgendwelchen Obstkonserven wieder zurückgekommen.

Meine Frau hatte die polnische Staatsbürgerschaft. Es gäbe also die Möglichkeit. Ich fühlte mich seelisch sehr schlecht, weil ich mich als Versager empfand, als Looser, der das nicht hingekriegt hat, und habe ein bisschen zu viel getrunken in der Zeit. Jedenfalls ging das drei Jahre, wo ich die Schnauze voll hatte und ein bisschen in eine Lethargie verfiel. Dann ist das Fass irgendwie übergelaufen, und ich habe am 15. Juni 1987 den Ausreiseantrag gestellt mit allen Konsequenzen. Von da an habe ich mein Leben umgestellt. Habe ich mir gedacht, totsaufen kannst du dich im Westen immer noch, da schmecken die Schnäpse besser und der Wein. Ich habe mir ein Rennrad gekauft und habe meinen Körper versucht fit zu halten. Für mich selber.

Und, na ja, ich bin hart geblieben, habe den Antrag nicht zurückgenommen. Anderthalb Jahre habe ich auf meinen Reisekoffern in der Sechseinhalbzimmerwohnung am Nordplatz gewartet. Aber sie haben die Daumenschrauben immer mehr angezogen. Ich wurde in allen Rollen umbesetzt, aber nicht entlassen. Bekam mein Gehalt ohne jede Gegenleistung, immerhin zweitausend DDR-Mark. Das war viel Geld in der DDR zu dieser Zeit. Ich durfte dann nicht mehr Unterricht an der Theaterhochschule geben. Aber ich kannte einen vom »Verlag der Frau«, so hieß der in der DDR, und habe mit acht Models über Land Modenschauen moderiert. Es gibt Schlechteres!

Ich war auch an zwei Dissidententheatern der DDR, in Anklam und in Annaberg-Buchholz, immer mit Vertrag über elf Monate. Am 5. Mai, einen Tag vor der Kommunalwahl 1989, bekam ich morgens um acht ein Telegramm von der »Abteilung Inneres«. Wenn Du dorthin kamst auf Bestellung, wurde erstmal der Personalausweis eingezogen. Und an dem Tag habe ich ihn nicht mehr wiederbekommen. Und dann hieß es: »Stehen Sie auf! Hiermit erkenne ich ihnen, Klaus-Hilmar Eichhorn, geboren am 18.08.1954 in Dresden, die Staatsbürgerschaft der Deutschen Demokratischen Republik auf Lebenszeit ab; das Gleiche gilt für Ihren Sohn Max.« Für meine Frau galt das nicht, sie war ja Polin. Und dann weiter: »So, nun kriege ich fünfunddreißig Mark von Ihnen. Das kostet ja Geld, die Urkunde zur Aberkennung der Staatsbürgerschaft.« Und ich: »Was machen wir jetzt?« Sagt er: »Jetzt gehen Sie über die Dimitroffstraße und lassen sich Ihre Identitätsbescheinigung ausstellen.« Ich bin rübergegangen und bekam bestätigt: Herr Klaus-Hilmar Eichhorn, war am 5. Mai 1989 um neun Uhr am Leben.

Ich landete schließlich in Hamburg. Ich hatte zwar eine Empfehlung fürs Thalia Theater, wurde aber engagiert ans Schauspiel in Nürnberg, wo Hansjörg Utzerath Chef war. Er hat mit mir unter anderem »Richard III« inszeniert. Ich war drei Jahre in Nürnberg, bin aber dort nie richtig warmgeworden. Heimat war das nicht. Danach habe ich Utzerath sozusagen nach Halle mitgebracht. Dort hat er zwei schöne Inszenierungen gemacht: »Tod eines Handlungsreisenden« mit mir und »Der Besuch der alten Dame«, wo ich den Ill gespielt habe. Von 1980 bis 1982 war ich ja schon mal in Halle gewesen, und nach der Wende, 1992 traf ich meinen alten Spezi Peter wieder, der sagte: »Na was machst'n du? Was bist'n bei den Bratwürsten gelandet? Willst du nicht wieder zu mir kommen nach Halle? Ich baue ein neues theater, die Kulturinsel; immer noch!« Beim Anfang des Baus war ich ja auch gerade engagiert gewesen, jetzt kam ich nach zehn Jahren zurück. Ich sage: »Na Peter, du weißt schon, ich bin in Hamburg. Wenn ich nun hierher ziehe, muss es schon ein bissel Geld geben. Und ich möchte auch inszenieren.« Er hat mir einen Vertrag angeboten mit einer Inszenierung im Jahr. Letztlich sind achtundzwanzig Jahre Halle daraus geworden.

Ohne Peter Sodann gäbe es dieses Theater nicht. Aber er hat halt immer und überall gebaut; ob es ein Theater oder Kabarett oder sonst was war. Jetzt baut er diese Bibliothek, das hält ihn wahrscheinlich fit. neues theater, Kulturinsel – das war auch für mich ein faszinierender Gedanke. Das ist eine multikulturelle Stätte, ein Ort in Halle, wo sich Leute begegnen, auch Leute, die vielleicht nicht immer ins Theater gehen. Veranstaltungen gibt's, die nicht unbedingt etwas mit Theater zu tun haben, Familienfeste, Tanzabende, oder einfach nur Essen gehen oder ins Literaturcafé; da liest man ein Buch, trinkt Kaffee, trifft einander. Das ist vielleicht die einzige Kritik, die ich an seine Nachfolger habe, sowohl Christoph Werner als auch Matthias Brenner – mit dem Begriff »Kulturinsel« konnten und können sie nicht so viel anfangen.

Sodann war halt vom alten Schlag, ein Patriarch. Er war der, der zuerst im Theater war und als Letzter das Licht ausgeschaltet hat; einer, der die Kollegen zusammengeschissen hat, wenn sie in der Garderobe das Licht abends haben brennen lassen: »Machste das zu Hause ooch?« Er hat für dieses Theater gelebt, mit Herzblut. Und er hatte auch eine sehr soziale Ader – hat keinen entlassen, wenn er nicht gerade völlig versoffen war oder das Haus angezündet hat. Er konnte auch ganz zauberhaft und charmant sein: ein Chamäleon, das die Farbe wechselt. Wenn er das Theater betreten hat und Macht hatte, konnte er unangenehm werden. Wie heißt es bei Remarque? »Hüte dich vor jedem kleinen Unteroffizier, hüte dich vor jedem, der kleiner als einen Meter sechzig ist.« Aber Energie hatte er wie ein kleiner Napoleon.

Und insofern bin ich glücklich und bin auch dankbar, dass alles so gelaufen ist, und dass mir so viel ermöglicht wurde, dass ich so viele Rollen und eben tolle Rollen gespielt habe. Wer weiß, ob das an einem anderen Theater so geklappt hätte. Aber es ist auch müßig. Es ist, wie es ist, wie der Sachse sagt.

**HILMAR EICHHORN** / 1954 in Dresden geboren / Maschinenschlosserlehre und Schauspielstudium an der Hochschule für Schauspielkunst »Ernst Busch« in Berlin / Engagements in Magdeburg, Halle und Leipzig sowie Film- und Fernseharbeit / nach Ausreise aus der DDR 1989 in Nürnberg / 1992–2020 wieder am neuen theater in Halle / Film- und Fernsehauftritte auch international, etwa in Quentin Tarantinos »Inglourious Basterds«

**40** JAHRE NEUES THEATER

## PETER SODANN

**PETER SODANN** / 1936 in Meißen geboren / verheiratet, vier Kinder / parteilos / Werkzeugmacher, Schauspieler, Regisseur, Intendant / Nationalpreis der DDR und Bundesverdienstkreuz / 2009 Bundespräsidentschaftskandidat / Ehrenbürger der Stadt Halle (Saale) / betender Kommunist

**40** JAHRE NEUES THEATER

Ich muss mich doch in dem Buch nicht äußern.
Meine Äußerung ist der Bau des Theaters.

**40** JAHRE NEUES THEATER

# Striese und die Folgen

## UTE & ROLF RABITZ

Im Laufe des Interviews mit Rolf Rabitz gesellt sich seine Frau Ute Rabitz hinzu. Ihre Anmerkungen sind kursiv gedruckt.

Als Claudia Bauer ins Team von Christoph Werner kam, war ich schon technischer Direktor. Ich bin mit ihr blendend klargekommen, mir hat auch ihre Lesart gefallen. Das war eine sehr schöne Zeit mit ihr. Das trifft ebenfalls auf die Arbeit mit Enrico Lübbe zu. Für beide habe ich das Licht gemacht; ich kam ja aus der Beleuchtung. Die technische Leitung hatte ich in den letzten vier Jahren meines Engagements für alle Bereiche: neues theater, Puppentheater, Oper und Staatskapelle. Es begann in der Stiska-Ära mit Gründung der GmbH, die eine schwere Zeit war. Das Thalia Theater musste eingebunden werden. Wir haben alle technischen Mitarbeiter übernommen. Da gab es keine Abstriche. Es ging im Wesentlichen darum, dass die Immobilie abgestoßen werden sollte. Im Puschkinhaus wären anderenfalls in der Veranstaltungstechnik und inzwischen auch in der Sicherheitstechnik größere Investitionen nötig gewesen. Die Rettung war eine Frage des Geldes. Bloß: Wo sollte es in Zeiten des Einsparens herkommen?

Auch die Oper ist zum Teil ein marodes Gebäude, schon von der Gebäudehülle her, nicht zu reden vom technischen Zustand der Bühnenmaschinerie und des Zuschauerraumes. Mittlerweile wäre auch im neuen theater, das in einem technisch besseren Zustand als die Oper war, eine Generalsanierung nötig. Hierüber sollte die Stadt mal ernsthaft nachdenken.

Im nt steckt eine Bühnentechnik, die auf dem technischen Stand der Endsechzigerjahre basiert. Die Gebäudehülle hat sich durch den Anbau des Juridicums an einigen Ecken gesenkt. Es gab Fundamentabsackungen, Risse in den Treppenhäusern, manche Türen gingen nicht mehr zu, weil das Gebäude nicht nach heutigen Maßstäben gegründet ist. Dann gab es Pro-

bleme mit dem Dachstuhl des Großen Saales. Wir haben das komplette Dach abreißen müssen, ein Dach aus dem vorvorigen Jahrhundert, mit dünnen genieteten Bindern, keiner Wärme- und Schalldämmung. Die Dachdeckung bestand lediglich aus Brettern mit aufgebrachter Dachpappe. In diesen Dachboden wurde eine Obermaschinerie eingebaut, deren Verkehrslasten der Dachkonstruktion zu schaffen machten.
Dabei bedeutet »richtiges Theater« ja nicht unbedingt Maschinentheater. Richtiges Theater ist zunächst leerer Raum, den der Schauspieler füllt. Ein bisschen Licht dazu, möglichst sinnvoll natürlich – und schon stimmt's. Das ist ja das Grundkonstrukt des neuen theaters – dieser gestreckte Raum mit so wenig Dekoration wie möglich; nur was absolut notwendig war, ein paar Versatzstücke (Tische, Stühle etc.) – meist in den Lieblingsfarben von Sodann: Schwarz, Weiß und Grau. Theater geht auch so! Das hat auf mich einen ungeheuren Eindruck gemacht.
Aber sobald diese dramaturgische Schiene durch Regisseure mit anderer Stückauffassung verlassen wurde, gab es größere und schwerere Dekorationen, die aufwendig zu verwandeln waren (weggezogen, geklappt, versenkt, wie auch immer). Da beginnt das Problem, dafür ist das Haus nicht geeignet. Es hat keine klassische Verwandlungsmaschinerie wie zum Beispiel die Oper, in der ich ganze Bauten unsichtbar in einen Schnürboden verschwinden lasse. Sodanns Philosophie war nach meiner Auffassung so: Im Mittelpunkt steht der Schauspieler, ich brauche nur das, was unbedingt nötig ist. Hierzu fällt mir mein Vorstellungsgespräch bei Sodann ein. Ich erzählte ihm, dass ich ganz gern ein bisschen expressionistisch mit Farben arbeite. Seine Antwort: »Wissen Sie was, Herr Rabitz, ich bin ein ausgesprochener Freund von Farben, solange sie nur schwarz, weiß und grau sind.«

*... und dabei war es phantasievolles Theater ...*

Phantasie forderte er auch vom Zuschauer, Mitdenken, nicht erwarten, dass man alles bis ins Detail vorgesetzt bekommt. Der Schauspieler wechselt den Ort, da ist ein Licht, vielleicht ein Tisch – und das ist der neue Raum. Zack, fertig.
Sodann und Bühnenbildner Rolf Klemm waren ein eingeschworenes Team, da wusste einer vom anderen, was er wollte. Es gab selten aufwendige Deko bei Sodann. Das änderte sich erst unter Volker Metzler, der als möglicher Nachfolger gehandelt wurde, dann aber – im Theaterjargon gesagt – abgeschossen wurde. (Zu Unrecht, wie ich fand.) Mit ihm und seinen Regisseuren wurde es aufwendiger, z. B. bei Brechts »Sezuan«, eine für nt-Verhältnisse riesige Wand mit überdimensionalen Marx- und Mao-Bildern.

*... War es beim »Puntila« nicht auch so groß?*

Stimmt nicht, nicht im »Puntila« und nicht im »Richard III.«, das war Wekwerth, die Schule, die Sodann mochte – klar, deutlich, ohne großen Schnickschnack erzählt.

*... Und dieses Stück mit der großen Eisenbahnschiene?*

Stimmt. Das war das kurze Intermezzo in der Metzler-Ära: »Platonow« von Tschechow, ein sehr aufwendiges Bühnenbild mit extra Traversen für die Zuschauer, die noch enger zusammenrückten. In der Mitte war die Spielfläche, eine kleine Versenkung, von der ein

Schienenstrang hoch auf die Beleuchterbrücke führte, auf dem ein Flügel hochgezogen wurde. Immer gaaanz langsam, denn bei »Platonow« dreht sich ja alles nur im Kreis. Im Gegensatz dazu Aitmatow ...

... »Die Richtstatt« ...

Nichts weiter als ein Bodentuch und eine Treppe auf der Hinterbühne ...
Oder »Hamlet« – wieder schwarzes Bodentuch und vom Saal-Mitteleingang ein Steg in zwei Meter Höhe, das war alles. So war es später auch bei Claudia Bauer in ihrer Inszenierung »Leonce und Lena«: Schmale Spielfläche, Zuschauer links und rechts davon und dazwischen spielte sich alles ab.
Bei Sodann gab es einen detailverliebten Bühnenbildner, der zu einer gewissen Opulenz neigte. Erstmal ganz viel auffahren. Und da gab es mitunter lustige Anekdoten, die außer den Technikern keiner so kennt. Wir machen also die technische Einrichtung zu »Timon von Athen«. Äste, Wurzeln, kaschierte Steine, manches ging gar nicht durch die Öffnung der Laderampe. Ein riesiger Ast ragte aus dem Plafond auf die Szene. Als alles fertig eingerichtet war, kam Sodann. Eigentlich wollte er – wie so oft – nur ein Bodentuch, einen schmalen Plafond, Zuschauer links und rechts neben der Szene und ein Podium sollte hoch und runter gefahren werden. Mehr sollte es nicht sein. «Oh, das sieht schön aus! Mach mal Licht an, Rolf!"
Sodann – Bühnenbildner: »Volkmar, pass mal auf, diese Wurzeln sind schön. Die nehmen wir mal ganz an den Rand nach hinten und die Steine auf die Hinterbühne. Und diesen Gottesfinger, der hier aus dem Plafond ragt, den nehmen wir mal weg. Ach, weißt du, die Wurzeln und auch die Steine können auch weg.« Zum Schluss blieb ein Bodentuch und ein schmaler Plafond über der Szene. Das war alles.
Wir haben uns köstlich amüsiert. So war Sodann.
Das Gegenteil war die Arbeit mit Klemm. Ein Bühnenbildner, der genau erfasste, was notwendig ist und sich ganz in den Dienst der Inszenierung stellte. Ich hatte eine große Hochachtung ihm gegenüber. Ein Mann mit dicken Fingern, der die filigransten Dinge basteln konnte ...

... und er war die Ruhe in Person ...

Klemm hat mich sehr unterstützt, mir Mittel zugeschoben, dass ich Scheinwerfer kaufen konnte, denn das Theater war ja in einem äußerst schlechten beleuchtungstechnischen Zustand.
Die ersten Eindrücke in Halle waren für mich »Die Richtstatt« und »Hamlet« – da blieb mir der Atem stehen. Aber alles hat seine Zeit. Zum Ende hin haben Energie und Schwung abgenommen, das Ensemble hatte sich im Wesentlichen nie richtig erneuert. Da waren die Schauspieler, die schon immer da waren. Jetzt kamen mit dem Wechsel zu Christoph Werner neue Regisseure. Klar, die hatten eine andere Lesart der Stücke und brachten auch ihre Protagonisten und Bühnenbildner mit. Das war neu, interessant und manchmal auch eine schwierige Zeit. Besucher blieben aus ...

*... aber ich kann mir nicht vorstellen, dass jemand in der Kasse vor dem Besuch der neuen Inszenierungen gewarnt haben sollte. Die Ablehnung wurde durch das Publikum reingetragen. Die Besucher wollten die Inszenierungen von früher wieder sehen und fragten: Werden die denn noch gespielt? Ich denke, alle waren*

*sehr sensibel und sehr empfindlich zu dieser Zeit. Und Christoph Werner ist als Mensch auch viel introvertierter – die Leute waren aber Sodann gewöhnt, der auf die Leute zugegangen ist. Die Leute wollten hofiert werden, als Zuschauer wichtig genommen werden. Das hat Sodann gemacht. Er war zu den meisten Vorstellungen im Haus, wollte gesehen werden – und die Leute wollten ihn sehen, und mit ihm ein Schwätzchen halten. Das war nicht mehr das Ding von Herrn Werner ...*

Sodann hatte den Striese, den Prinzipal, verinnerlicht. Das fehlte dem Publikum.

*Viele waren den neuen Inszenierungen z. B. von Claudia Bauer gegenüber zunächst nicht offen ...*

Für mich war sie eine sehr gute Regisseurin. Die hat eine »Medea« hingelegt ... »Leonce und Lena« war auch nicht schlecht, sehr direkt, aber klar. Auch »Parzival« war sehr gut.
Für den Auftakt in die neue Zeit (Wechsel Sodann – Werner) haben wir uns mächtig ins Zeug gelegt. Wir haben gearbeitet damals, das geht auf keine Kuhhaut, alle – Technik, Beleuchtung. Da wurde nicht auf die Stunde geschaut. Eine besondere Herausforderung, Umbau der Kommode zur sogenannten Werft. Wir hatten nur die Urlaubszeit zur Verfügung, haben den Zuschauerraum entkernt und auf dem Deckenrohbeton in einer Aktion ohnegleichen diese neue Spielstätte hochgezogen.

*... Dieser neue Raum hat die Besuchern am meisten gestört, in ihren Augen ein dunkler unbequemer Bunker ...*

Es sollte halt eine Spielstätte werden für anderes Theater, für junge Leute. Da sollte ein anderes Publikum herangezogen werden. Das war Werners Intention.

*Ich erinnere mich gern an eine Zeit bei Sodann, als sich Schauspieler Stücke ausgesucht haben.*
Kleine Stücke, kleine Formen. Und auch die Hoftheater-Saison war abwechslungsreicher und schöner.

Ja, dazu gab es Bier, Wein und Wurst. Das war sein Ding, Striese eben. Nicht umsonst steht dieser am Bühneneingang zum Theater.
Vor sieben Jahren habe ich aufgehört. Zuvor hatten wir in der Oper noch größere Projekte realisiert. Ein neues Werkstattgebäude wurde gebaut und die Ostfassade denkmalgerecht saniert. Weitere Projekte standen nicht in Aussicht. Bestandsverwalter wollte ich nicht sein. Außerdem stand zu Hause ein Reitpferd, also ging ich in den Ruhestand.

*... Und ich bin immer im Besucherdienst geblieben. Die ganzen Jahre. Mir hat das Freude gemacht. Ich habe immer gern Kontakt zu den Besuchern und über die Jahre kennt man die Leute, kann was empfehlen und sich über die Stücke unterhalten. Eine schöne Sache.*

**UTE RABITZ** / arbeitet seit 1998 am neuen theater Halle / zunächst im Bereich der Galerie / dann im Kassen- und Servicebereich

**ROLF RABITZ** / kam 1992 als Beleuchtungsmeister nach Halle / war bei Dienstschluss 2013 Technischer Direktor der Bühnen Halle

# Alles, was rot gestrichen ist, das ist von mir

REINHARD STRAUBE

1970, am Ende des Studiums, hatte ich drei Angebote: von der Volksbühne, vom Maxim-Gorki-Theater, wo ich als Student gespielt hatte, und aus Halle. Und alle Schauspieler in Berlin haben gesagt: Geh' nach Halle, dort wird kräftiges, kritisches Theater gemacht. Das ist das beste Theater im Moment: mit Schauspielchef Horst Schönemann und Intendant Gerhard Wolfram. Diesem Ratschlag bin ich gefolgt. Ich hatte Friedo Solter, Eberhard Esche, Dieter Mann und Alexander Lang als Lehrer; Kurt Böwe war für mich ein großes Vorbild. Der hat nicht einen Satz so gesagt, wie er im Text stand. Das war interessantes Theater, das war ein toller Schauspieler. Und das war eben meins. Wir hatten im Gorki-Theater auch schöne Stücke gespielt, aber es war kein Stück dabei, wo man hätte sagen müssen: Heu, hier geht's aber auch mal gegen unsere Politik. Das war dort nie der Fall, aber in Halle schon, mit »Die Aula«, mit dem Stück »Zeitgenossen«.

Das Erste, was ich in Halle spielte, war ein Monolog; eingeladen zu einem pädagogischen Kongress in Berlin mit 1.300 Pädagogen und dem ganzen Politbüro. Ein Monolog war das aus dem »Eulenspiegel«, über den Schüleralltag in der DDR. Die sollten ja »allseitig gebildete Persönlichkeiten« werden ... Ich dachte mir: Wenn du das hier jetzt erzählst, kommst du nie wieder auf die Bühne. Es ging mit dem Satz los: »Unserem Lehrer ist schlecht geworden, weil er die Schulspeisung verkostet hat.« Und so ging das weiter, zwölf Minuten lang. Und die Leute haben geklatscht, auch das Politbüro, Ulbricht, Honecker haben gelacht – die sah man ja sonst eher selten lachen. So ging das los in Halle – und zwei Jahre später kam dann die Möglichkeit, »Die neuen Leiden des jungen W.« zu spielen, im alten Landestheater, im Opernhaus auf der Bühne. Das Schauspiel stand ja neben Musical- und Opernensemble, Orchester und Ballett. Wir hatten gerade mal acht Vorstellungen im Monat, und als Peter Sodann kam, hat er gesagt: »Das ist für Schauspieler unerträglich. Wir bauen uns ein eigenes Theater.« Und da haben wir alle gesagt: »Jaja, und ich bin der Bürgermeister von Düsseldorf. Wie willst du denn hier ein Theater bauen? Guck doch mal die Fassaden an!« Und er: »Das kriegen wir schon hin.« Und wir haben gesagt: »Ja.«

»Da drüben ist ein Kino«, sagte er. »Das ist nie voll, dieses Kino der Deutsch-Sowjetischen Freundschaft. Das nehmen wir. Wir haben genug Kinos hier.« Und da hat er mit der Stadträtin Schubert verhandelt, und die sagte schließlich: »Herr Sodann, wie Sie das machen, wissen wir nicht – aber Sie dürfen hier ein Theater bauen.«

Es gibt ja die Legende, dass beim Vorsprechen immer gefragt wurde, welchen Beruf der Bewerber oder die Bewerberin sonst noch hat. Mich hat er nicht gefragt. Aber was sollte ich hier auch machen als gelernter Gärtner. Wir brauchten Linoleum und wir brauchten dies und das. Ich bin oft mitgefahren mit dem Trabant in die Betriebe. Die meisten waren relativ offen, haben aber gesagt: »Das geht nicht, wir dürfen das gar nicht.« Bei einem Betriebsdirektor ist er dann raus, aber quasi auf allen vieren wieder rein und hat seine Bitten wiederholt; da hieß es: »Der ist ja verrückt. Geben Sie ihm, was er haben will. Aber nicht zu viel.« Und dann alles hinten rein in den Trabant-Kombi. Übrigens: Alles, was rot gestrichen ist im Café, das ist von mir, die ganzen roten Türen und auch vorne die Tür. Das ist eine schöne Erinnerung.

Früh um zehn ging die Arbeit los, unter Hinzunahme mehrerer Flaschen Bier, und dann so bis 15 oder 16 Uhr, wir mussten ja abends spielen, im Opernhaus und später auf Gastspielen. Also du hast bis 16 Uhr gearbeitet, hattest den Koffer schon dabei, dann gingst du rüber ans Opernhaus, da stand der Bus, ein wunderschöner Bus, mit Toilette und einer Bar vorne, der Busfahrer hatte alle Getränke, die es gab. Und dann haben wir dringesessen, manche haben geschlafen, manche haben ein paar halbe Liter getrunken, und abends war frei, und wir konnten uns im Hotel noch ein bisschen unterhalten und nochmal in die Texte gucken für den nächsten Tag. Zunächst reisten wir in der DDR, aber auch schon mal nach Tübingen. Ich war mit Sodann alleine drüben, mit zwei Mitarbeitern des Theaters, darunter einer von der Staatssicherheit; der hat

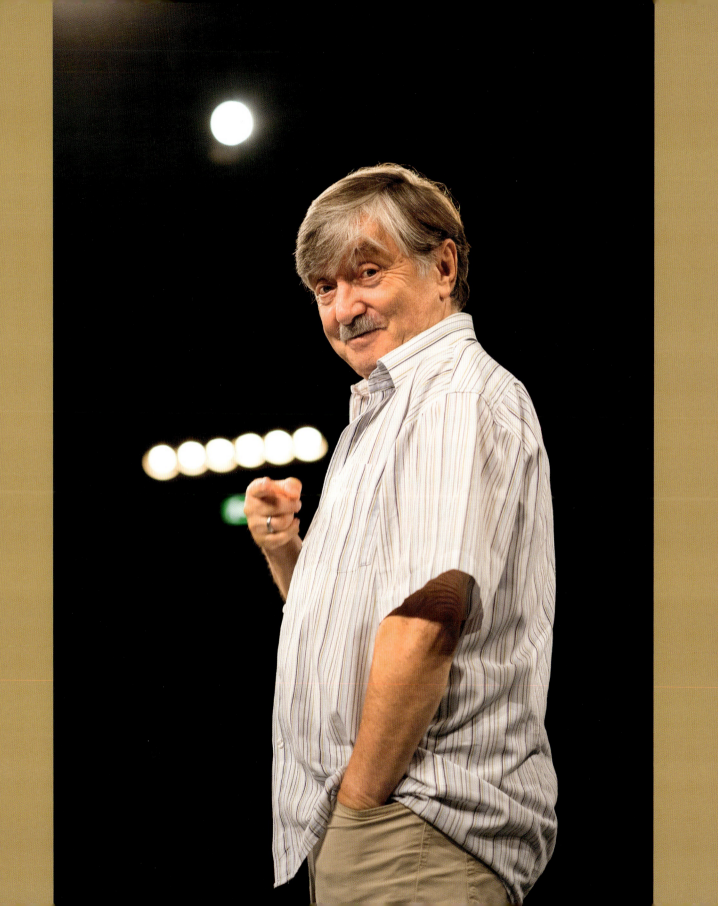

**40** JAHRE NEUES THEATER

uns aber nicht verpfiffen, weil wir natürlich nicht nur in Tübingen waren. Sodann sagte: »Reinhard, du kommst mit, du hast keine Verwandten im Westen, du schaust dir die Bühne an.« Und die Behörden haben gesagt: »Klar, Straube kann mitkommen.«
Es war eine harte Zeit, aber auch die schönste. Wir hatten keine große Fluktuation im Ensemble, das war sehr angenehm. Und wir waren immer traurig, wenn einer oder eine wegging.
2005 war der Bau fertig, und Sodann musste gehen. Das war eine Tragödie. Er wurde zwar als Entschuldigung gleich zum Ehrenbürger von Halle ernannt. Aber ich hätte damals aufgehört, ich hätte das Leid nicht ertragen, hätte mich totgesoffen, was weiß ich. Aber der geht hin und baut diese Bibliothek auf, dieses ungeheure Ding. Das ist der blanke Wahnsinn.
Mit den Gastregisseuren nach ihm hatte ich leider oft Probleme, die wollten immer was ganz besonders Neues machen. Dann kommt aber wieder eine richtig schöne Sache, wie jetzt bei Brenner »Vögel« oder »The King's Speech«. Und ich spiele noch immer meinen »Hypochonder«, eine ganz leichte, seichte Geschichte, in der natürlich auch Wahrheiten stecken. Das spiele ich seit fast vierzehn Jahren – sowas gab's noch nie.

**REINHARD STRAUBE** / 1946 in Chemnitz geboren / gelernter Gärtner / Studium an der Hochschule für Schauspielkunst »Ernst Busch« in Berlin / seit 1970 am Landestheater in Halle / spielte 1972 mit Ursula Werner die Uraufführung von Ulrich Plenzdorfs Stück »Die neuen Leiden des jungen W.« / bis heute Komödiant und Kabarettist auf den Bühnen der Stadt

# Flugzeugstühle und anderes

## ANNE UND KLAUS-RUDOLF WEBER

*(Ein gemütliches Wohnzimmer einige Jahre nach Beginn des dritten Jahrtausends. Früher Nachmittag. Durch geputzte Fensterscheiben scheint freundliches Tageslicht auf Sofalandschaft, Esstisch und Grünpflanzen. Ein Fernseher flimmert. Herr W. sitzt mit Kopfhörern davor. Frau W. nebenan im Homeoffice. Eine Katze und ein Kater streifen umher.)*

Frau W. *(ruft aus dem OFF)*: Schatz! Was machst du gerade? Schatz! Hörst du!
Herr W. *(nimmt die Kopfhörer ab)*: Was?
Frau W.: Hör mal, wir wollten uns doch Gedanken darüber machen, was in dem Buch zu 40 Jahre neues theater über uns stehen soll!
Herr W.: Jetzt?
Frau W.: *(kommt ins Zimmer)* Wann sonst. 40 Jahre neues theater, dazu hätten wir doch einiges zu sagen, oder?
Herr W.: Allerdings. Aber ...
Frau W.: *(während sie im Schreibschrank nach Zetteln und Stift sucht)* Fang doch nicht gleich wieder mit einem Aber an ... Schließlich warst du doch von Anfang an dabei und hast heftig mitgebaut an unserem nt. Und was du alles gespielt hast. Und deine Inszenierungen, schon am Landestheater, als

Sodann noch gar nicht in Halle war ... Und Sodann hast du doch schon kennengelernt, als ihr noch in Magdeburg engagiert wart, oder?

Herr W.: *(macht den Fernseher aus)* Du meinst, wir sollten die Leute mit alten Kamellen langweilen ...

Frau W.: Aber es geht nun mal um 40 Jahre neues theater. Geschichte in Geschichten, sozusagen. Wir könnten erzählen, wie wir beim Bauen mal in einer Staubwolke standen und uns nur noch über Rufen ...

Herr W.: Vielleicht geben wir einfach ein paar ausgeleierte Kantinenwitze zum Besten ... »Was habe ich gut umgesetzt? – Du bist umbesetzt!«?

Frau W.: *(setzt sich mit Zettel und Stift zu Herrn W. aufs Sofa)* Das nt ist doch auch unsere Geschichte, Liebling! Ohne das nt hätten wir uns vielleicht nie kennengelernt. Und jetzt sind wir seit fünfunddreißig Jahren zusammen! Fünfunddreißig Jahre! Da wäre doch eigentlich ne kleine Prämie vom Haus fällig gewesen, was? Das soll uns erst mal jemand nachmachen, hier am Theater. Fünfunddreißig Jahre, und ganz ohne Skandale und Pikanterien. Seit 1986 sind wir ein Paar. 1986 war ich achtzehn, wollte Schauspielerin werden und jobbte als Ankleiderin.

Herr W.: Tänzerin wolltest du werden.

Frau W.: Erst Tänzerin, dann Schauspielerin. Gelernt habe ich schließlich erst Nachrichtentechnikerin, dann Bürokauffrau.

Herr W.: Um dann 1992 als KBB-Mitarbeiterin am neuen theater angestellt zu werden.

Frau W.: KBB. Künstlerisches Betriebsbüro. Organisation, Kommunikation, Vision ...

*(Pause. Eine Katze streift heran und kuschelt sich zu den Menschen aufs Sofa.)*
Jedenfalls haben wir ab da fünfundzwanzig Jahre lang beide am gleichen Theater gearbeitet – wenn auch an unterschiedlichen Fronten. Erzähl doch mal von unserer Hochzeit, einen Tag vor deinem Fünfzigsten, schnell mal zwischen zwei Proben ... Was habt ihr da probiert?

Herr W.: »Timon von Athen« muss das gewesen sein ...

Frau W.: Ja, das wars. Die Kollegen wussten von nichts, und du bist nach der Trauung mit dem knallroten Jackett und dem nagelneuen Ehering wieder zur Probe gerannt und alle haben ganz schön blöd geguckt ... weißt du noch?

Herr W.: Ja, Liebling ... ich weiß noch! ...

Frau W.: *(macht sich Notizen)* Erzähl doch mal!

Herr W.: Erzähl du doch!

Frau W.: Aber du kannst das viel besser! Von »Haben« könntest du auch erzählen, wo wir tatsächlich mal zusammen auf der nt-Bühne gestanden haben. Du als potenzielles Mordopfer der Hauptfigur und ich als kleindarstellende und tanzende Gästin auf deiner Hochzeitsfeier. Da hab ich dir immer Kartoffeln serviert, obwohl's eigentlich für alle Klöße gab, aber die isst du ja nicht so gern.

Herr W.: Ich kann mir nicht vorstellen, dass jemand daran interessiert ist, mehr über meine kulinarischen Vorlieben zu erfahren …

*(Pause. Auch die zweite Katze sucht menschliche Nähe.)*

Frau W.: Na, dann erzähl doch zum Beispiel, worauf wir saßen, als dieses Foto von uns gemacht wurde!

Herr W.: Die Flugzeugsitze?

Frau W.: Ja! Das ist auch eine gemeinsame Geschichte aus 40 Jahren neues theater!

Herr W.: Okay. Also, das war 2006. Das Dach des nt war beschädigt. Der Saal gesperrt. So mussten Produktionen her, möglichst unaufwendig für die übrigen Spielorte.

Frau W.: »Der fröhliche Hypochonder« also fürs Foyer!

Herr W.: Das Stück gab es aber nicht, noch nicht, nur die Idee und eine Fülle von Geschichtchen, Gags und Erlebnissen. Erst während der Probenarbeit wurde das Sammelsurium zu einer Geschichte verwoben. Eine Bühne mit der Möglichkeit, unaufwendig diverse Spielorte anzudeuten, wurde gemeinsam entwickelt. Schauspieler Straube, Dramaturg Erhard Preuk und Bühnenbildner (und Kostüme) Reiner Pröhle.

Frau W.: Und du.

Herr W.: Wir beschlossen: Eine Szene wird im Flugzeug spielen …

Frau W.: Ist ja logisch beim Reinhard Straube!

Herr W.: Der ist in der Welt des Flugwesens bewandert wie kein anderer.

Frau W.: Wenn ein Flugzeug am Himmel vorüberzieht, erkennt er den Typ, weiß die Linie, und möglicherweise den Namen des Piloten … *(steht auf)*

Herr W.: Echte Flugzeugsitze auf der Bühne – das wäre doch der Hammer. 2007 wurde eine Flugreise noch nicht als mittleres Umweltverbrechen gehandelt. Nun kannte mein Freund Straube natürlich den Sprecher des Flughafens Halle/Leipzig und da könnte man doch mal …

Frau W.: Und du wiederum hattest gute Verbindungen zum KBB ... *(geht in die Küche)*

Herr W.: Zu Frau Anne-Susann Weber, meiner Ehefrau, und diese war so freundlich, telefonisch für Straube und mich ein Treffen am Flughafen zu vereinbaren. Und sie erstellte einen Vertrag über die unbegrenzte Ausleihe des Gestühls. Ausgestattet mit diesem Schriftstück fuhren wir dann zum Flughafen. Der entsprechende Herr war nicht da ...

Frau W.: *(kommt mit einer Tasse Kaffee zurück)* Willst du auch? – Was meinst du, Liebling, über Sodann müssten wir doch auch unbedingt noch was sagen. Was der geschaffen hat ...

Herr W.: ... zusammen mit uns ...

Frau W.: ... na eben, dass wir gesagt haben, wir suchen uns eine Spielstätte, wir gehen aus dem großen Haus raus mit der Schauspielsparte und wir bauen uns das selber und wir sind hier eine Familie. *(setzt sich wieder)* Das war eine so tolle Zeit, weil wirklich jeder überall Hand angelegt hat, jeder da, wo er konnte.

Herr W.: Sodann musste einfach Sodann sein, sonst hätte er dieses Haus gar nicht bauen können. *(steht auf)*

Frau W.: Das alles, die Kulturinsel, würde es nicht geben ohne so einen verrückten Kerl, der Handwerker, Künstler, Dickkopf und Quertreiber ist.

Herr W.: Das war wichtig für uns Menschen hier. *(geht in die Küche)*

Frau W.: Manchmal hätte man ihn schütteln können und manchmal könnte ich ihn noch heute schütteln, diesen Mecker- und Polterkopf. Aber er hat halt Großartiges geschaffen. Du, Schatz, jetzt erzähl doch mal deine Geschichte zu Ende. Du warst bei: Der entsprechende Herr am Flughafen war nicht da ...

Herr W.: *(kommt mit einer Tasse Kaffee zurück)* ... ja, aber eine freundliche Mitarbeiterin, von meiner Frau telefonisch auf die Dinge vorbereitet, beredete mit uns die Angelegenheit und unterschrieb schließlich den Leihvertrag: Ein Doppelsitzer leihweise auf unbegrenzte Zeit.

Frau W.: Dieser Doppelsitzer da auf dem Foto!

Herr W.: *(setzt sich wieder zu Frau W. aufs Sofa)* Ja, sage ich doch.

Frau W.: Und als dann Peter Sodann gehen musste, kam Christoph Werner. Da hat sich auch für mich einiges geändert, weil ich größere Aufgaben übernommen habe. Christoph Werner hatte sich einen neuen Stab zusammengeholt, der war jung, er war jung, wir waren jung und haben Veränderungen eingeläutet, mehr oder weniger gemeinsam. Das war anstrengend, schwierig und sehr intensiv, wir sind auf große Widerstände gestoßen, im Haus und in der Stadtgesellschaft.

Herr W.: Ich wurde krank und ging in Rente …

Frau W.: Ja, du hast recht. Ich sollte vielleicht gar nicht so viel von mir erzählen …

Herr W.: Also, jedenfalls: Am nächsten Tag oder nach zwei Tagen fuhr ein Auto beim nt vor und lud die Stühle ab. TU-134, wusste Straube sofort.

Frau W.: Apropos 134. Einhundertfünfunddreißig Vorstellungen vom »Fröhlichen Hypochonder« sind seitdem gespielt worden.

Herr W.: Dass die Inszenierung mehr als dreizehn Jahre läuft, hatte niemand im Plan. Geplant sind aber weitere Vorstellungen für 2021, wenn das dann hoffentlich wieder möglich ist.

Frau W.: Na hoffentlich. Ich bin jedenfalls froh, dass ich immer noch auf der Kulturinsel arbeiten darf, wenn auch nicht mehr im Schauspiel, wo ich fünfundzwanzig Jahre mit Herzblut dabei war …

Herr W.: Bis dann die GmbH gegründet worden war …

Frau W.: Ja. Durch das ungeordnete »Zusammenkippen« von Menschen zweier Schauspielsparten wurde mir die Arbeit am nt unmöglich … meine neue Heimat ist, dank Christoph Werner, das Puppentheater. Mir geht's wieder richtig gut.

Herr W.: Na prima. Ende gut, alles gut.

Frau W.: Theater eben.

**ANNE-SUSANN WEBER** / 1967 in Halle geboren / ab 1992 im Künstlerischen Betriebsbüro des nt / seit 2017 Assistentin von Christoph Werner in der Intendanz des Puppentheaters

**KLAUS-RUDOLF WEBER** / geboren 1943 in Brandenburg / seit 1974 Engagement am Landestheater in Halle und am neuen theater / seit 2007 krankheitsbedingt außer Dienst / kurz zuvor entstand mit Dramaturg Erhard Preuk und dem Schauspielkollegen Reinhard Straube die Inszenierung »Der fröhliche Hypochonder«, die sich noch immer erfolgreich im Spielplan befindet

# Das Publikum in Halle hat mich sehr beeindruckt

HANNELORE SCHUBERT

Wenn ich momentan an das Theater denke, stimmt es mich etwas traurig, alles ist stillgelegt, Corona hat das Sagen. Blicke ich auf vierzig Jahre Theaterarbeit zurück, dann empfinde ich Freude und Dankbarkeit, dass ich so lange in diesem wunderbaren Beruf, ohne Unterbrechung, mich tummeln konnte, ich war nicht einen Tag arbeitslos. Nach zehn Lehr- und Wanderjahren fing ich 1983 am Theater in Halle an, habe in den vielen Jahren viele schöne Rollen gespielt.

Es waren arbeitsreiche Jahre, nicht nur im künstlerischen Bereich, viele Arbeitseinsätze mussten nebenbei auch absolviert werden. Das Publikum in Halle hat mich sehr beeindruckt, es war ein treues Publikum, die Schauspieler wurden gemocht. Auch ich konnte oft die Gunst der Zuschauer erwerben, das hat mich motiviert und angespornt. Die vielen Jahre der Zusammenarbeit mit den Kollegen haben zusammengeschweißt und es sind eine ganze Reihe von sehr guten Inszenierungen entstanden, an die ich heute noch gern zurückdenke. Ich hoffe, dass der Neustart nicht mehr so fern ist und alle wieder loslegen können.

(Hannelore Schubert wurde auf der Matratze fotografiert, die während ihres Engagements am neuen theater als Pauseninsel in ihrer Garderobe bereitlag.)

**HANNELORE SCHUBERT** / 1948 in Potsdam geboren / nach Theaterstationen in Meiningen, Senftenberg und Cottbus fast dreißig Jahre lang beliebtes Mitglied des halleschen nt-Ensembles / brillierte vor allem in Komödien jeder Art und jeden Zeitalters / kann aber auch Tragödie und bringt souverän und selbstverständlich beides zusammen / seit 2013 im Ruhestand und noch schauspielerisch aktiv

# Halle hat mich gerettet

HERBERT FRITSCH

In einem Wohnwagen haben wir auf dem Universitätsplatz vor dem nt Filme aus meinem Projekt »Hamlet_X« gedreht und gezeigt, in einer Aktion mit der Dramaturgin Sabrina Zwach – das war meine erste Begegnung mit Halle und diesem Theater. Und in diesem Zusammenhang sind wir ins Gespräch gekommen mit Christoph Werner; im Ergebnis entstand mein zweiter Regieversuch überhaupt, nach dem Debut bei Peter Carp in Luzern. Danach hatte es das Angebot am Volkstheater in Wien gegeben, von Michael Schottenberg damals, aber nach zwei Wochen, in denen wir glücklich geprobt hatten, hat er mich rausgeschmissen; ohne dass er etwas gesehen hatte, er hatte einfach nur das Gefühl: Das wird nichts. Das war echt ein Schlag, da dachte ich: Das wird wohl doch nichts mit dem Regieführen. Schon immer, wenn ich gesagt habe, ich würde so gern Regie führen, haben mich alle angegrinst und geantwortet: Du bist Schauspieler, lass mal.

»Das Haus in Montevideo« in Halle war für mich insofern wie eine Lebensrettung. Ich war so glücklich darüber und es hat mir so gefallen in Halle, auch die Stadt, die ja (das habe ich damals erfahren) nie bombardiert worden war – die Stadt hat mir (das klingt vielleicht komisch) Geborgenheit gegeben. Außer dass mir dann auch hier wieder nach zwei Wochen zwei Hauptdarsteller Schwierigkeiten gemacht haben: Hilmar Eichhorn und Reinhard Straube. Ich kann mich an den Streit erinnern, als mir Straube sagte: »Ja bin ich denn hier der Provinzochse?« Das war traurig, weil ich mit beiden überhaupt kein Problem hatte – sie haben mir halt nicht vertraut, haben mir gesagt, dass ich ein schlechter Regisseur bin und keine Ahnung von Komik habe und so weiter ... Das hat mich natürlich getroffen, und ich dachte: Oh Gott, jetzt werde ich auch hier wieder rausgeschmissen! Wenn das jetzt passiert, ist es für immer. Das war Spitz auf Knopf. Aber Christoph Werner hat sich mit beiden getroffen und entschieden. Im Büro hat er dann mich gefragt: »Herbert, willst du nicht die Hauptrolle selber spielen? Und für Straube finden wir auch jemand anderen ...« Das war dann übrigens Jonas Hien, aus dem ersten Studio-Jahrgang, den ich in Claudia Bauers »Leonce und Lena«-Inszenierung gesehen hatte und sehr klasse fand. Das waren dann wahnsinnig anstrengende Proben. Und es war das letzte Mal, dass ich selber gespielt habe.

Es hatte schon ein gewisses Misstrauen im Ensemble gegeben, also außerhalb unserer Gruppe – aber mit mir arbeiteten halt Danne Hoffmann, eine wunderbare Schauspielerin, Bastian Reiber und Lisa Bitter, dieses Pärchen, das großartig war; Reiber ist zu Hochform aufgelaufen. Unser Ensemble hielt zu mir, aber drum herum waren alle skeptisch – was ich ja verstehe. Die haben gefragt: »Was macht der da eigentlich?« Ich halte mich ja korrekt an Zeiten, ich halte mich an die Vorschriften innerhalb eines Hauses. Als Schauspieler war ich wirklich ein Chaot – als Regisseur habe ich zum ersten Mal eine andere Nähe zu den Leuten entwickelt. Mag sein, dass ich von außen immer noch als Chaot empfunden wurde, durch die Art, wie ich probte. Und ich war natürlich auch wahnsinnig aufgeregt, weil ich wusste, ich muss jetzt beweisen, dass ich Regie kann.

Ich habe nicht wirklich vorgespielt auf der Bühne – aber indem ich gespielt habe, habe ich die anderen angestachelt, mitzugehen. Reiber und Hien habe ich so angekickt, die haben mir in den Aufführungen echt Saures gegeben. Die haben sich Sachen erlaubt, unglaubliche Geschichten, und daraus hat sich großes Vertrauen entwickelt. Dann hatte ich bei der Generalprobe aber hohes Fieber, war richtig krank. Ich konnte eigentlich kaum laufen, ich war völlig fertig, habe aber gesagt: Ich mache es trotzdem. Generalprobe also, und ich konnte keinen Text. Mir fiel nichts ein. Die sind um mich rumgerudert, haben den Text für mich gesprochen. Ich hatte einen totalen Blackout. Danach ging es mir hundeelend. Ich bin hoch in mein Zimmer, immer an den Leuten vorbei, die mich sehr schräg angeguckt haben – und sie hatten ja recht! Ich konnte nichts. Kaum war ich oben im Zimmer, kam Christoph Werner rein mit dem Dramaturgen Ralf Meyer, und sie haben gesagt: »Tja, Herbert, die Premiere morgen können wir nicht spielen, das geht nicht.« Darauf ich: »Ich spiele die Premiere morgen.« – »Aber Herbert, du kannst den Text nicht.« – »Ich kann den morgen!« Ich habe mir selber nicht geglaubt, aber ich wollte spielen. »Aber du bist doch krank.« – »Ja, ich spiele auch krank.« Und dann habe ich sie überredet. Am nächsten Tag ging es mir richtig beschissen, aber ich konnte den Text und habe die Premiere gespielt.

Danach war ich gesund.

Ich durfte in Halle sehr besondere Schauspieler und Schauspielerinnen kennenlernen: Jörg Simonides, der auch ein Liebling von Frank Castorf war, der ihn an die Volksbühne mitnehmen wollte; ein ganz toller, empfindsamer Typ. Und dann noch eine ältere, aber unerhört agile kleine Pummlige: Hannelore Schubert-Fleischmann. Die waren alle einfach zum Küssen. Ich dachte immer: Das gibt es doch gar nicht – in der sogenannten Provinz springen Leute rum, da haut's dich weg!

Dann kam »Raub der Sabinerinnen« – wieder ein unglaubliches Erlebnis mit dem Ensemble: Elke Richter, Petra Ehlert, wieder Bastian Reiber und Jonas Hien,

Marie Bretschneider, Karl-Fred Müller, Danne Hoffmann – sie spielte die Hauptfigur, die eigentlich ein Mann ist. Emanuel Striese. Die war so toll. Und was die Jungs da artistisch gemacht haben ... ich habe mich bepinkelt vor Lachen. Aber die Aufführung lief leider nur ein paar Mal, wegen vieler Krankheiten ... und dann kam »Macbeth«. Das wurde gar nicht angenommen. Das hat mir leid getan. Der Widerstand war groß – ich hatte bei der ersten Konzeptionsprobe darüber gesprochen, was ich mir unter Theater vorstelle. Da kam einer und hat mir gesagt, er könne das mit seinem Inneren, seiner Moral, die er für das Theater hat, nicht verbinden, da mitzuspielen. Das waren harte Proben, aber trotz der Konflikte im Haus war das für mich eine großartige Zeit: die Spaziergänge zur Moritzburg, zum Museum, in dem ich öfter war, und immer wieder das Puppentheater von Christoph Werner ...

Bei »Macbeth« hat er übrigens Alarm geschlagen; hat Sabrina Zwach in Berlin angerufen und gesagt, sie müsse jetzt kommen und mich vor mir selber schützen, ich verfiele wohl langsam dem Irrsinn, so wie ich diesen Macbeth inszenierte. Sie hatten Schiss, waren höchst irritiert – aber Danne Hoffmann spielte die Lady und Jörg Lichtenstein Macbeth: großartig. Auch Franz Pätzold war dabei – und das Studio hat mir so gut gefallen.

Ich finde die extreme Akademisierung der Schauspielausbildung hoch problematisch. Ich war zum Beispiel in München an der Falckenberg-Schule, als die noch eine Berufsfachschule war. Ich war da nur ein Jahr, wurde dann sofort an die Kammerspiele engagiert und musste nicht mehr in die Schule gehen. Das war damals gestattet – wer zwei Jahre fest engagiert war, war automatisch Schauspieler, ohne Prüfung. Das fand und finde ich als Prinzip richtig. Und das ist eben das Tolle beim Studio in Halle gewesen: Was sie machen, lernen sie am Theater. Einzelne Monologe, Vorsprechscheiß, das interessiert doch niemanden! Entscheidend ist der Ablauf am Theater – da begreift man, was es heißt, auf der Bühne zu sprechen, sich auf der Bühne zu bewegen, artistische Anforderungen inklusive. Dafür brauche ich keine Lehrer, die sowieso immer nur darüber schimpfen, wie scheiße das ganze Theater ist, weil sie selber darin nicht mehr vorkommen.

**HERBERT FRITSCH** / 1951 in Augsburg geboren / Ausbildung an der Otto Falckenberg Schule in München und erstes Engagement an den Münchner Kammerspielen / Stationen als Schauspieler in Heidelberg, Basel, Düsseldorf, Berlin / Stationen als Regisseur in Halle, Hamburg, Zürich, Bochum, Wien, Berlin / Gastprofessur an der Hochschule für Gestaltung in Karlsruhe / Film- und Internetprojekte wie »Hamlet_X«

# Was ist denn hier los

## CHRISTOPH WERNER

Ich war achtunddreißig Jahre alt und hatte im Prinzip mit dem Puppentheater erreicht, was man damals mit einem Puppentheater erreichen konnte. Es gab – das muss so um die Jahrtausendwende gewesen sein – ein denkwürdiges Gespräch mit der Stadt, bei dem mir mitgeteilt wurde, dass das Puppentheater irgendwann seine Eigenständigkeit verlieren soll, um mit dem Kinder- und Jugendtheater zu fusionieren. Da habe ich gesagt: Das kommt für mich überhaupt nicht in Frage, lieber gehe ich zu Sodann!

Das war natürlich nur ein Spaß. Das war Polemik, aber danach wurde das Gespräch eigentümlich schnell beendet. Wir hatten am selben Tag noch ein Gastspiel mit dem Puppentheater, und als ich da nachts ins Hotel kam, stand auf dem Fernseher: Sehr geehrter Herr Werner, bitte sofort Peter Sodann anrufen! Ich war verwundert.

Soviel ich weiß, wollte Peter Sodann hier, wo jetzt das Puppentheater ist, eigentlich ein Hotel bauen, »Pension Schöller« sollte das heißen, passend zu »Strieses Biertunnel«. Er wollte, dass man als Reisender nach Halle kommen kann, vom Bahnhof direkt zur Kulturinsel fährt, ein Zimmer mietet, bei Striese isst, ins Theater geht, übernachtet, dann zurück zum Bahnhof fährt und die Stadt wieder verlässt.

Aber da haben ihm, so wird's erzählt, die Hoteliers von Halle einen Strich durch die Rechnung gemacht. Die haben politische Mehrheiten organisiert, und der Stadtrat hat das Projekt abgelehnt. Nun war guter Rat teuer, und da komme ich, und sage so einen Satz – dass ich nicht mit dem Thalia fusionieren will, sondern lieber zu Sodann gehe. Da haben wohl alle gedacht: Das Puppentheater holen wir auf die Kulturinsel, dann können wir die endlich fertig bauen.

**40** JAHRE NEUES THEATER

Ich hatte durch die gemeinsame Bauzeit Peter Sodann näher kennengelernt, wir haben Wein getrunken und er hat Lebensweisheiten verteilt. Er war in meinen Augen ein hemdsärmeliger, guter Intendant mit einem sicheren Instinkt für Stadt und Publikum. Das sage ich mit der jetzigen Erfahrung, nach fünfundzwanzig Jahren – damals war mir das noch nicht so klar. Als es um seine erzwungene Nachfolge ging, konnte er sich nicht entscheiden. Er hat viele Kandidaten eingeladen, die durften hier inszenieren. Aber er mochte das alles nicht: Sewan Latchinian, Volker Metzler, Alejandro Quintana ... Ich habe dann irgendwann zu ihm gesagt: »Peter, wenn du das nicht regelst, setzen die dir hier irgendjemanden hin, den du gar nicht willst.«
Und dann hat er sich für mich entschieden.
Das war ein bisschen überraschend. Er hat sich eine Inszenierung von mir angeguckt, »Das Geheimnis des alten Waldes«, nach einem Roman von Dino Buzzati. Das hat ihn so bewegt, dass er zu mir gesagt hat, er möchte zu den Puppenspielern sprechen. Er hielt eine Rede, ging mit mir in die Kantine und hat mir gesagt, dass er mich als seinen Nachfolger vorschlägt. Ich rechne ihm bis heute hoch an, dass er das aus einem künstlerischen Impuls heraus entschieden hat.
Die Findungskommission hat sich dann knapp für mich entschieden. Ob mir Peter Sodanns Wohlwollen in diesem Prozess geholfen hat? Ich weiß es nicht, ist auch nicht mehr wichtig. Und dann war ich's plötzlich. Das war natürlich ein Schock. So etwas zu wollen und es dann wirklich zu machen, das sind zwei Paar Schuhe. So begannen die anstrengendsten sechs Jahre meines Lebens, die mich an die Grenze dessen gebracht haben, was ich zu leisten und zu erdulden fähig war.
Ich hatte zwei Möglichkeiten – entweder weiterzumachen im Fahrwasser von Sodann; was möglich gewesen wäre und was er, und sicher viele mit ihm, erhofft hatten. Oder eben die radikale Frischzellenkur. Ich habe mich für Letzteres entschieden, das ist ja bekannt.
Es war vielleicht ein Hausregisseur zu viel am Beginn: Enrico Lübbe, Claudia Bauer, Christian Weise – das waren sehr fordernde Persönlichkeiten, die etwas wollten von der Welt und ganz unterschiedliche Handschriften hatten. Für so ein Haus, das zwanzig Jahre so stark von einer einzigen Person geprägt worden ist, war das eine große Herausforderung. Es gab sehr viel Misstrauen auf Seiten der Regisseure, aber auch auf Seiten des Ensembles, das ja zum größeren Teil schon sehr lange am Haus beschäftigt war und eine Beschäftigungsgarantie hatte. Viele sind in Abwehrposition gegangen. Es waren viele Schauspieler engagiert, die beispielsweise Claudia Bauers »Energietheater« nicht nur nicht verstanden, sondern auch nicht fähig waren,

es umzusetzen. Claudias Schauspieltheater lebte aber davon, dass da lauter Persönlichkeiten auf der Bühne aufeinanderknallten.

Dass wir das Schauspiel-Studio bekamen, war ein Glücksfall für uns. Ich hatte vorher Jörg Lichtenstein in Köln kennengelernt, und der hat mir gesagt, dass er das gerne machen würde. Ich bin nach Leipzig an die Hochschule gefahren; und Jörg Lichtenstein kannten sie dort, den mochten sie. Dann waberte das ewig hin und her, weil auch das Magdeburger Theater die Studenten ausbilden wollte und es vielleicht noch andere Interessenten gab. Deshalb habe ich Marie Anne Fliegel und Hilmar Eichhorn gebeten, als Fürsprecher für Halle mit mir nach Leipzig zu fahren. Das hat Eindruck gemacht und wir haben das Studio bekommen: ein großes Glück für das nt, aber natürlich nur, weil Jörg Lichtenstein der Studioleiter war. Ohne ihn wäre das keine Erfolgsgeschichte geworden, das steht für mich fest.

Ach Mensch, und die Einladung zum Theatertreffen – »Allein das Meer« von Paul Binnerts nach Amos Oz, gleich in der ersten Spielzeit, und während wir in Berlin waren, die Nachricht, dass der Saal des neuen theaters gesperrt werden muss, es war wirklich ein extremes Wechselbad der Gefühle.

Nachdem Peter Sodann gemerkt hatte, dass ich seinen Weg nicht einfach weitergehen würde, hat er all seinen Einfluss geltend gemacht, um uns zu schaden. Nach beinahe jeder Vorstellung seiner letzten Spielzeit ist er in den Zuschauerraum getreten und hat eine Rede gehalten, in der er uns und unseren Anfang diskreditiert hat. Und die »BILD-Zeitung« hat dann immer dramatisch darüber berichtet. Ich habe das damals nicht gelesen, das hätte ich wahrscheinlich nicht verkraftet. Die »Mitteldeutsche Zeitung« versuchte, uns vernünftig zu begleiten, und die überregionalen Blätter sowieso. Aber hier war's hart. Und wir haben extrem viel Publikum verloren. Das immerhin hat Peter Sodann erreicht, dass dem Theater das Publikum fernblieb.

Und die Leute waren nicht zimperlich. Da kamen anonyme Briefe, wütende Kommentare in den sozialen Medien, es gab viel Hass und Frust. Ich musste in der Anfangszeit mal nach Berlin fahren, mit meinem Privat-Pkw, und als ich einstieg, sah ich, dass eine Radmutter fehlte, vorne rechts. In der Werkstatt wurde ich gefragt: »Haben Sie Feinde?« Ich musste lachen, und der Meister meinte: »Alle Radmuttern waren locker gedreht, so was passiert nicht einfach so.« Und da habe ich gedacht: Meine Fresse, was ist denn hier los?

Wie lange ich diesen Stress durchgehalten hätte, ich weiß es nicht. »Theater der Welt« hat mich dann gerettet. Sowohl beruflich als auch generell. Ich hatte plötz-

**40** JAHRE NEUES THEATER

lich einen anderen Schauplatz. Und dieses »Theater der Welt« 2008 hat in zwei Wochen die Stadt verzaubert und die Stadt hat sich verzaubern lassen. Und so habe ich mich mit der Stadt wieder versöhnt, und mit dem Publikum.
Nach »Theater der Welt« wurde mir nochmal ein Vierjahresvertrag angeboten, aber ich habe gesagt, dass ich nicht weiß, ob ich das will. Und da hat – ich bin ihr bis heute dankbar dafür – die damalige Oberbürgermeisterin gesagt: »Herr Werner, überlegen Sie sich's. Sie können Kulturinsel und Puppentheater haben oder nur das nt oder nur das Puppentheater – wie Sie wollen.« Das war sehr komfortabel. Das Puppentheater hatte in diesen Jahren an Reputation verloren. Irgendetwas litt ja immer, für irgendetwas war es immer nicht genug. Wo ich hinkam, musste ich einen Helm aufsetzen und den Feuerlöscher nehmen. Da habe ich gedacht: Ist das ein gutes Lebensmodell?
Bevor die Verlängerung anstand, kam der Betriebsratsvorsitzende und hat mir gesagt, er werde eine Umfrage machen, ob die maßgeblichen Leute im Haus dafür sind, dass mein Vertrag verlängert wird. Es gab dann eine Mehrheit dafür, das hat mir die Entscheidung nicht leichter gemacht. Ich bin in den Urlaub gefahren und habe mit meiner Frau lange darüber geredet und nachgedacht. Ich habe ja während dieser intensiven Jahre sehr viele besondere Menschen kennengelernt, und es war klar, wenn ich gehe, wird sich auch für die vieles ändern. Es war eine wirklich schwierige Entscheidung, aber von heute aus gesehen, die richtige für mich.

**CHRISTOPH WERNER** / 1964 in Dessau geboren / Studium des Puppenspiels / leitete das Puppentheater in Halle und folgte 2005 Peter Sodann in der nt-Intendanz / kehrte 2011 ans Puppentheater zurück

# Kardinal Lichtenstein steht wieder hinter dem Vorhang

## JÖRG LICHTENSTEIN

Christoph Werner besuchte mich in einem günstigen Moment in Köln. Ich fragte mich gerade immer häufiger: »Warum bleib ich eigentlich Schauspieler?« Keine ungewöhnliche Frage. Viele SchauspielerInnen werden an einem bestimmten Punkt ihrer Karriere irgendwie grillig und denken: »Das reicht mir nicht mehr, ich will nicht mehr das Rädchen im Getriebe sein, unbefragt besetzt und irgendwie behandelt werden.« Ich hatte immer gedacht, das kommt bei mir nicht. Ich fühlte mich doch wohl in diesem System Staats-/Stadttheater. Großartig, wenn mir andere Menschen Stoffe, Stücke und Rollen nahebrachten und mir Dinge zutrauten, auf die ich selbst nicht gekommen wäre. Außerdem mochte ich nicht vorsprechen, Kontakte pflegen, um Projekte kämpfen etc. Dabei war ich schon längst auf der Suche, ohne es zu wissen. Zwar verstehe ich noch immer nicht genau, warum ich bei Ulrich Khuon am Hamburger Thalia-Theater so schnell gekündigt hatte, um Mark Günthers Angebot nach Köln zu folgen. Doch hatte mich diese dem Beruf immanente Notwendigkeit, immer wahrgenommen, gewollt und gemocht zu werden, zunehmend durch den Wolf gedreht, ohne dass es mir klar war. Nun lockte mich da jemand mit seinem Theaterkonzept und der Aussicht nach Halle, am neuen theater ein Schauspielstudio aufzubauen. Natürlich hatte ich Zweifel, »bildete mir nicht ein, ich könnte was lehren, die Menschen zu bessern und zu bekehren«, schon gar nicht SchauspielstudentInnen, bildete mir auch nicht ein, diese Worte auf welcher Bühne auch immer jemals sprechen zu müssen – nur zwei der Gewissheiten, die mir in Halle um die Ohren flogen. Wir gründeten das Studio Halle der HMT Leipzig in der Nachfolge von Weimar. Aber wie macht man das? Worauf kommt es an? Mein eigenes

Studium hatte ich schon irgendwie in gut verschwommener Erinnerung. Auch am Leipziger Schauspiel hatte es spannende Zeiten gegeben, vor allem nach 1989. Doch dann waren meine Theaterbegriffe während der Jahre in Graz und dann in Hannover, Hamburg, Köln ordentlich durcheinandergekommen. Zum Glück. In Österreich war's völlig egal, ob ost- oder westdeutsch. In Hannover begriff ich den Reiz von permanenter Regelverletzung auf der Bühne. In Hamburg erklärte man mir immer mal wieder, wie die Schauspieler aus dem Osten so seien und warum. In Köln war's purer Kampf, der durchaus auch Spaß machte: mit den Vorgängern, mit der Stadt, auch mit Teilen des Publikums. In Halle aber gab es nun keine Ausreden mehr, kein einengendes Fremdbestimmtsein, keine mangelnde Aufmerksamkeit durch die Theaterleitung, sondern durchaus ein bisschen Einflussnahme, mit wem ich zusammenarbeite und vor allem die Frage, was junge SchauspielerInnen kennenlernen und können lernen sollten. Denn ich hatte ja mitgesungen in diesem Chor: »Die Schulen funktionieren doch alle nicht. Die Anfänger kommen mit unzureichenden Fähigkeiten und falschen Vorstellungen ans Theater. Sie kennen die Praxis nicht, haben aber auch keine brauchbaren Visionen ...« Jetzt konnten wir wirklich was entwickeln: Was passiert, wenn wir einen Dreiklang versuchen: Unterricht bei möglichst vielen unterschiedlichen KollegInnen aus möglichst verschiedenen Theaterhimmelsrichtungen, kontinuierliches Zusammenspiel mit den Profis im nt-Spielplan und Chancen zur Verwirklichung der studentischen Ideen und das alles vor Publikum?

Bis heute heißen die gut besuchten Szenenabende »Klippenspringer«. Das heutige »Schaufenster« hieß damals »Riff«, an dem man öfter mal weit nach Mitternacht vorbeigehen und wüste Proben für den »Studioclub« beobachten konnte. Jonas Hien und Sebastian Kaufmane kreierten hier das Comedyduo »Stulle und Bulle«. Dieser erste Studiojahrgang heißt für immer »Die Legenden«. Schwer zu beschreiben auch, was Lisa Bitter, Steffi Rösner und Bastian Reiber aus dem darauffolgenden Jahrgang der »Glamourösen« für herrlich anarchischen Schwachsinn erfanden. Nach ihnen kamen die »Rekordsammler« mit Alois Steimacher, Franz Pätzold, Alexander Pensel, die das nochmal getoppt haben. Jeremias Koschorz studierte einmal mit dem ganzen Jahrgang ein endloses sechsstimmiges Medley aus »Sister Act« ein, nur für diese eine Show im »Riff«. Selbstverschwendung als künstlerisches Lebenskonzept. Von alldem bin ich bis heute einfach Fan und würde am liebsten von allen zumindest die Namen und besten Rollen aufzählen ...

Christoph Werner gab uns viel Freiheit und jede Unterstützung. Wir haben einerseits gute DozentInnen im Ensemble des Hauses gefunden und andererseits ehemalige KollegInnen eigeladen, gern auch »aus dem Westen«. Danne Hoffmann arbeitete grandios lustige Szenen in einer Genauigkeit, die man selten findet. Dietmar Rahnefeld, ein geduldiger Mensch und guter Lehrer, hat in der Werner-Zeit nicht viel inszeniert, war aber genau richtig für die StudentInnen. Aus Hamburg kam Rainer Piwek, um mit uns herauszufinden, was Gesang sein und bewirken kann. Heike Frank sorgte mit ihrer Mischung aus Inszenieren und Unterrichten für Abende, an die man noch lange dachte. Und in der Kantine über den Dächern von Halle gab es ausdauernde Debatten und leidenschaftlichen Austausch.

Als Spieler fing ich auch fast noch einmal von vorn an, denn nach über zwanzig Jahren Bühnenerfahrung meinte ich doch zu wissen, welche Art des Spielens die mir gemäße war. »Ich gehe von mir aus, starte in der Normalität, erstmal so, wie ich's gewohnt bin ...« Und traf auf Claudia Bauer, später auf Herbert Fritsch. Da begann es gern gleich im Exzess, und aus war's mit der schönen erwachsenen Selbstgewissheit. Wer über seinen Schatten sprang, der lernte, es geht nicht ohne Peinlichkeit. Und am besten ist es, sich sofort zu blamieren, dann wird's bald besser.

Die vielleicht tollste Sache war gleich zu Beginn das »Seefahrerstück« in der »Werft«, der jetzigen »Kammer«. Wir alle waren neu, StudentInnen, Gäste, Ensemble. Wie wir da improvisiert, gesucht und absurdesten Kram ausprobiert haben, werd ich nie vergessen. Ich erinnere mich gern an Vorstellungen, manchmal vor wenigen Leuten, von denen die meisten es schon mehrmals gesehen hatten. Auch da empfand ich eine spezielle Art der Überanstrengung als willkommenen Arbeitspartner. In Herbert Fritschs Inszenierung vom »Schottischen Stück« versteckte ich im Bühnenbild Traubenzucker, weil es so geschlaucht hat, immer überdreht auf hundertachtzig. Das Publikum saß drum herum, wir waren permanent in Rotation, manchmal wusste ich nicht, wo rechts und links ist. Nicht alle im Publikum mochten es, ich hab's geliebt. Das Studio bereitete sich damals auf »Hänsel und Gretel« bei Hilmar Eichhorn vor, als es hieß: Fritsch kommt wieder. Alle wollten dabei sein. Er wollte sie auch. Es gab eine Studioversammlung bei mir zu Hause: »Ihr werdet Proben haben und dazwischen am Nachmittag Märchen spielen. Bitte sagt dann nicht, es ist zu viel.« Sie stimmten ab und wollten es unbedingt machen. Natürlich war das fein, wie sie mitkriegten, ihr Lehrer schindet sich da auf der Probe, versagt, schiebt Krisen und weiß nicht weiter. Das hab ich gut abgespeichert. Jetzt bin ich Schauspielprofessor und werde hoffentlich nie so tun, als hätte ich auf alles eine Antwort. »Ich mache das schon etwas länger als ihr.« Das ist fast der einzige Unterschied. In Halle wurde mir die Arbeit für das Studio zeitweise wichtiger als meine Rollen. Einen Gastregisseur gab es, der sich und sein Tun dadurch bedroht fühlte und meine Anwesenheit im Haus während seiner Proben zu verbieten versuchte. Da stand ich dann am Galeriefenster und linste auf das Probengeschehen im Hof. »Kardinal Lichtenstein steht wieder hinter dem Vorhang«, meinte Jonas Hien.

Es wurde damals noch selten von Work-Life-Balance geredet am Theater, doch irgendwann waren die schönen großen Rollen plus Studioleitung etwas zu viel für mich. Christoph Werner machte mich auf eine ausgeschriebene Professur am Salzburger Mozarteum aufmerksam. Es klappte. Martin Kušej fragte, ob ich am Münchner Residenztheater spielen möchte. Das wurden die nächsten zehn Jahre. Mein beruflicher Fokus liegt inzwischen mehr auf dem immer wieder neu zu ergründenden Paradoxon Schauspielausbildung. Am Thomas Bernhard Institut in Salzburg fragen wir viel danach, was die jungen Leute selbst für Themen haben, ermutigen sie noch mehr, ihre eigenen Wege zu suchen, selbst Formate und Projekte zu erfinden und nicht (nur) auf Festengagements an den großen Häusern zu hoffen. Ein spannender Punkt ist die Verwischung der Berufsbilder Regie und Schauspiel. Es gibt ein Junges Ensemblenetzwerk als Ausdruck kritischen Hinterfragens von Machtstrukturen sowohl an den Theatern als auch an den Ausbildungsstätten und eine höhere Sensibilität gegenüber allen Formen von Diskriminierung. Das ist gut und höchste Zeit, mag sich auch die Distanz zwischen

Lehrenden und Studierenden in meiner Wahrnehmung dadurch vergrößern, was ein bisschen schade ist. Auch den für Theaterarbeit unverzichtbaren gemeinsamen Humor zu entwickeln, wird inzwischen manchmal mühsamer. Aber den braucht man, um freundlich interessiert zu bleiben, wenn eine Studentin den »Sommernachtstraum« nicht lesen möchte, weil ihn ein »toter weißer Hetero« geschrieben hat. Vielleicht hab ich so richtig erst in Halle gelernt, dass es das Ende bedeutet, wenn man zu wissen glaubt, wie es geht. »Es ist des Lernens kein Ende«, schrieb Robert Schumann, und natürlich, man kann nach Hause gehen, wenn man StudentInnen damit zu belehren versucht. Die einzige Chance besteht darin, es nicht aufs Kissen zu sticken, sondern sich selbst täglich neu zu erlauben. Eventuell hören sie einem dann auch zu und schauen interessiert drein, wenn man zum wiederholten Male dieselben Anekdoten aus Halle erzählt: Da hatte ich Premiere als »Faust«. Das Studio Halle saß drin und keiner gratulierte mir bei der Feier.

Das geht nicht, dozierte ich am nächsten Morgen. Wer zur Premierenfeier geht, hat zu gratulieren, knapp und ohne zu lügen – und kann bei der nächsten Begegnung erläutern, was besonders grottig war, aber erst dann. Und so gibt es halt doch ein paar Gesetze der Theaterfolklore, die zu verteidigen sich lohnt.
In Leipzig spielte ich als Student eine Ameise im »Faust«: »Willkommen, willkommen, du alter Patron ...«
In Halle musste ich dann in die großen Schuhe der Titelrolle: »Da steh ich nun, ich armer Tor ...«
In München war ich der Wagner: »Mit Eifer hab ich mich der Studien beflissen ...«
Dieselbe Inszenierung spiele ich jetzt am Wiener Burgtheater. Da stehe ich manchmal vor dem Auftritt auf der Hinterbühnentreppe und überlege, ob mir das, was gleich kommt, mehr Spaß macht oder der Unterricht tags drauf, in dem wir eine Dramatisierung von Paula Irmschlers Roman »Superbusen« versuchen. Und möchte es nicht beantworten.

**JÖRG LICHTENSTEIN** / 1960 in Rostock geboren / Schauspielstudium in Leipzig / Festengagements in Leipzig, Graz, Hannover, Köln und Hamburg / 2005–2011 Schauspieler und Studioleiter am neuen theater Halle / seit 2011 Professor am Thomas Bernhard Institut der Universität Mozarteum Salzburg / Gastrollen am Residenztheater München und am Burgtheater Wien

# Bambule – Randale – Halle an der Saale

## LISA BITTER

In meinem Leipziger Studienjahrgang war die Entscheidung zwischen einem Studioaufenthalt in Dresden oder Halle möglich, und ich wollte unbedingt nach Halle, weil die Kommilitonen des vorherigen Jahrgangs, also die Studenten, die zwei Jahre vor uns dort hingegangen waren, so geschwärmt haben der großen Freiheiten wegen, vor allem im Gestalten. Zu siebt sind wir dann also nach Halle umgezogen – Matthi Faust aus Wismar, Ronny Miersch aus Lauchhammer, Stefanie Rösner aus Berlin, Bastian Reiber, der jetzt an der Schaubühne ist, kam aus Mönchengladbach, ich aus Erlangen, Benjamin Berger aus Schwedt an der Oder und Benjamin Schaup aus Magdeburg. Basti und ich waren sozusagen die Quoten-Wessis. Die Dozenten kamen von Leipzig nach Halle, an zwei Tagen in der Woche, und den Rest der Zeit über hatten wir am neuen theater zu tun. Es macht viel Sinn,

schon in der Ausbildung am Theater zu sein, »echte« Bühnenerfahrung zu sammeln, mit Schauspielkollegen und Regisseuren arbeiten zu dürfen und nicht nur auf der Schule zu spielen, Kontakte zu knüpfen, sich auszuprobieren und trotzdem geschützt zu sein. Denn wenn mal etwas schiefgeht, ist man ja immer noch Student. Ich hatte das Glück, dass während meiner Zeit in Halle Künstler wie Herbert Fritsch ans Theater kamen, der dort seine ersten Regie-Arbeiten inszenierte und auch selbst spielte. Das war für uns eine spannende Zeit und während uns Studenten das Leben in Halle nicht schnell genug stattfinden konnte, wir hungrig nach Spielerfahrung, echtem Bühnenlicht und Theatermagie waren, schien es uns manchmal, als wäre die Zeit doch etwas stehengeblieben, während wir auf dem Weg in unsere Garderoben den »ersten Handtuchhalter des neuen theaters Halle« im denkwürdigen Aufgang hinter der Pforte bewunderten. Die Kollegen am Haus, die zum Teil selbst, mit ihren eigenen Händen und zusammen mit Peter Sodann dieses Theater aufgebaut hatten, waren unter anderem unsere Dozenten und sie verbindet eine ganz andere Intensität und Zeitspanne mit diesem Haus.

Die Schauspielerei hatte im Osten ganz andere Voraussetzungen. Unsere szenischen Studien, die Teil der Ausbildung waren, wurden z. B. von Joachim Unger und Hilmar Eichhorn betreut – das war sehr gutes Handwerk. So eine profunde Arbeit hat mir klar gemacht: Es ist sehr wichtig, dieses Handwerk von der Pike auf zu lernen, ganz »old school«, wenn man so will. Bevor man sein Handwerk nicht beherrscht, kann man nicht spinnen!

Und dann begegneten wir dort ja auch Herbert Fritsch, der seine eigene Entwicklung gemacht hat, seine eigene

Karriere, mit einem völlig anderen Ansatz. Dieser Kontrast war toll, absolut lehrreich für uns. Bastian Reiber arbeitet bis heute eng mit Herbert Fritsch zusammen. Ich war insgesamt ein Jahr in Halle, bevor mir ein Engagement am Theater in Stuttgart angeboten wurde.

Ich fand es immer wichtig zu fragen: Welche Rolle spielt das Theater? Was für eine Rolle spielt der Beruf? Wie setzt man sich mit seiner Umwelt auseinander und wie kann man das auf die Bühne oder vor die Kamera tragen, so dass man noch eine Ebene mehr findet, als nur die Figur in ihrem Konflikt zu zeigen.

Ich bin dankbar, das Handwerk während meiner Ausbildung gelernt zu haben, es anschließend am Theater vertieft haben zu können und mittlerweile auch in meiner Arbeit vor der Kamera davon zu profitieren.

Letztlich waren wir in Halle gut integriert, »die alten Hasen« waren schon sehr aufgeschlossen. Wir durften einmal im Monat einen freien Abend gestalten und unseren eigenen Quatsch machen, auch ohne Sinn und Zweck; das war unser Ventil.

Es war eine aufregende Zeit, mein Jahr in Halle. Mit einem zwinkernden Auge sagten wir liebevoll: »Bambule – Randale – Halle an der Saale.«

Ein paar Welten sind aufeinandergetroffen und jede Seite war anders bewegt ...

Das ist eine Ausnahmeerscheinung, dieses Haus, diese Insel.

**LISA BITTER** / 1984 in Erlangen geboren / 2004–2009 Schauspielstudium in Leipzig / im Anschluss Engagement am Staatstheater Stuttgart / danach freischaffend für Film und Fernsehen u. a. als »Tatort«-Kommissarin

# Nicht faul werden

## FRANZ PÄTZOLD

Das Studio Halle war ein Teil meiner Schauspielausbildung: erst zwei Jahre in Leipzig, und dann wird man aufgeteilt an die Theater. Ich wollte nicht nach Dresden, weil ich da aufgewachsen bin – und so kam ich nach Halle. Für zwei Jahre. Mit Cornelia Gröschel, Franziska Reincke, Jeremias Koschorz, Benedikt Crisand, Alois Steinmacher, Georg Strohbach, Alexander Pensel und Johanna Steinhauser. Et voilà. Und eben ich – danach ging's schon weiter nach München.

Das war eine schöne Zeit dort – in Halle. Jörg Lichtenstein war unser Studioleiter und die Kolleginnen und Kollegen aus dem Ensemble unterrichteten, von Danne Hoffmann über Elke Richter oder Joachim Unger bis zu den externen Kräften wie Heike Frank oder Jonas Hien, der zuvor ja auch im ersten Jahrgang des Studios war. In den zwei Jahren am neuen theater war spürbar, wie sehr sich Kolleginnen und Kollegen mit dem Haus identifizieren, auch mit den Legenden der Aufbauzeit. Peter Sodann hatte nicht nur nach schauspielerischem Vermögen engagiert, sondern auch nach anderen Qualifikationen: Biste Maurer? Dann haste schon ganz gute Karten, wir brauchen gerade dringend Maurer! Auch Tapezierer ... Es gab richtige Reliquien im Theater, alte Spiegel etwa auf dem Weg zur Garderobe.

Das war eine richtig eingeschworene Truppe an Schauspielern dort, ergänzt und gestört durch uns Studenten. Das Haus hat eine schöne Größe, man kommt schnell miteinander in Kontakt. Und – ich weiß gar nicht, ob das eine Begründung ist – es liegt so wunderbar in der Stadt. Zentraler geht's nicht. Das ist wirklich eine Kulturinsel. Allein der Name behauptet für sich etwas Singuläres – das merkt man im Haus. Du gehst da rein und bist auf der Insel.

Theater mochte ich schon immer. Meine Eltern haben mich als Kind oft ins Staatsschauspiel Dresden mitgenommen, mein Patenonkel ist Schauspieler; dadurch hatte ich immer Kontakt dazu, habe das aber nie weiter verfolgt. Irgendwann bin ich dann in der Theater-AG meiner Schule gelandet, weil ich mich in ein Mädel verliebt hatte, die da auch war. Um an sie ranzukommen, musste ich den Umweg über das Theater nehmen, was mir große Freude bereitet hat. Also habe ich mich nach dem Abitur gemeinsam mit einer Freundin an der Schauspielschule beworben.

Ich dachte, ich bewerbe mich da jetzt mal, muss eh vorher zum Bund oder ein Freiwilliges Soziales Jahr machen. Dann wurde ich allerdings ausgemustert und sofort aufgenommen.

Offen gesagt: Der Wunsch, Theater zu spielen, ist erst beim Tun gekommen. Ich habe nie sowas gedacht wie »Das muss es jetzt unbedingt sein, sonst spür ich mich nicht«. Oder »Ich werde die Welt damit verändern«.

Ich denke, Theater ist ein geiles Medium. Es hindert mich daran, faul zu werden – vor allem gedanklich. Die Pose des Korrekten allerdings, welche immer mehr im Theater Einzug hält – da kriege ich richtig schlechte Laune. Ich glaube, wir können so viel im Theater darstellen und zeigen, ohne zu werten. Einfach abbilden, was in unserer Welt passiert. Nicht immer moralisch sein.

Die Eindeutigkeit interessiert mich nicht am Theater, mich interessieren These und Antithese – der Widerspruch. Diesen darzustellen, die mögliche Differenz, das ist das Tolle am Theater. Oft nervt mich die Auflösung des Widersprüchlichen hin zu: Wir haben die richtige, politisch korrekte Haltung zu diesem Stoff, den wir hier darstellen. Wir drücken uns korrekt aus. Da kann ich mir auch die »Tagesschau« angucken.

Und nicht nur das, ich habe manchmal das Gefühl, dass die Schauspielschulen, aber auch die Theater, zunehmend eine Art Therapie für die Darsteller werden. Nur untersuche ich als Schauspieler doch Figuren, Zeiten, Geschichten, politische Kontexte und finde mich darin höchstens einmal wieder. Natürlich gibt es aber auch eine Menge intelligente, clevere Kollegen, deren Blick gerade in künstlerischer Hinsicht bereichernd ist.

Da macht mir dann auch das Zuschauen Spaß, weil Theater nicht fürs Rechthaben da sein sollte, sondern für die Wahrheit im Moment. Dann ist es toll, dann sitze ich da, schaue den Kolleginnen und Kollegen zu – und freue mich darüber, was sie tun.

**FRANZ PÄTZOLD** / 1989 in Dresden geboren / 2007–2011 Schauspielstudium in Leipzig / erstes Engagement am Bayerischen Staatsschauspiel in München / aktuell am Burgtheater in Wien / zudem aktiv tätig in der Film- und Fernsehbranche

**40** JAHRE NEUES THEATER

# Schöner wird's nicht mehr

## CLAUDIA BAUER

Ich habe in Halle »King-Kong-Theorie« inszeniert, als das noch niemand auf dem Schirm hatte; der Text war ja vor der »MeToo«-Debatte längst verlegt und auch auf Deutsch erschienen. Ich würde das aber eher als Puppentheater-Inszenierung bezeichnen – im Übergang von Christoph Werner zu Matthias Brenner – ein gelungener Abschluss meiner Halle-Zeit: Ich habe in Halle am Puppentheater (als das noch nicht auf der Kulturinsel, sondern in dieser wunderschönen alten Freimaurervilla war) – den ersten »Faust« meines Lebens inszeniert. Rainald Grebe als Faust, René Marik als Mephisto, Lars Frank und Nicole Weißbrodt auch ... also drei Mephistos und Tilla Kratochwil als Gretchen. »Faust. Eine Höllenfahrt in 13 Bildern« – diese Inszenierung wurde zweihundert Mal gespielt, und wir waren auf allen Puppentheaterfestivals Europas. Das war für mich ein einschneidendes Erlebnis. Ich merkte: Puppentheater ist so viel internationaler als Menschentheater. Das hat mich fast auf die Idee gebracht, nur noch Puppentheater zu machen. Menschentheater ist so lokal beschränkt – läuft in Frankfurt oder Berlin oder sonstwo; und kommt höchstwahrscheinlich nie raus in die Welt.

Vorher hatte es schon Koproduktionen gegeben mit dem Puppentheater Halle und der der Puppenspielabteilung der Ernst-Busch-Schule, zum Beispiel »Struwwelpeter«, lange vor »Shockheaded Peter«. Das war meine allererste Puppentheater-Inszenierung. Die haben wir in der Moritzburg gespielt, als Sommertheater. Also ist meine Verbindung mit Halle erst mal »die Puppe«.

Die Leitung am Theaterhaus Jena habe ich 1999 übernommen, das war nach dem »Faust«. Da begann meine fünfjährige Liebesbeziehung mit Jena, und als die Zeit in Jena sich dem Ende zuneigte, bekamen wir die

Nachricht von Christoph Werner, dass er nun Intendant vom nt werden würde. Er fragte nicht nur mich an, sondern auch meine engere »Gang«: Rainald Grebe, René Marik, Frank Benz, die Leute, die in Jena zum engsten Kreis gehörten. Christoph hat also schnell die Fühler ausgestreckt nach Menschen seines Vertrauens, die mit ihm zusammen diese neue Zeit einläuten sollten. Und die Bedingungen waren die härtesten Bedingungen, die ich jemals irgendwo vorgefunden habe für einen Neustart. Das kann man ja eigentlich niemandem erzählen ... dass zwei Drittel des Ensembles aus unkündbaren Menschen bestand, die da seit über fünfzehn, zwanzig oder dreißig Jahren Theater spielten ...

Christoph hat dann etwas sehr Schlaues gemacht – er hat ein Schauspiel-Studio der Leipziger Hochschule von Weimar nach Halle geholt. Das war natürlich ein guter Ausgleich für diese Kolleginnen und Kollegen, die da seit Ewigkeiten Theater gemacht hatten. Und ich durfte auch ein paar Leute mitbringen; was natürlich zu interessanten Konstellationen führte, um das mal dezent auszudrücken. Ich habe immer gesagt: »Die Mauer fällt am nt erst jetzt.« Das Theater war wie ein gallisches Dorf, die Kulturinsel, mit der Betonung auf Insel, mit allen positiven und negativen Seiten.

Es war wirklich ein »clash of cultures« – die Leute waren nicht nur seit fünfzehn, zwanzig oder dreißig Jahren da, sondern waren natürlich auch alle aus dem Osten und kannten einander schon ewig: privat, in Spielweise und Theaterverständnis, fest verwurzelt in der Stadt. Die Wurzeln gingen in Halle bis zum Mittelpunkt der Erde. Dazu kamen jetzt Schauspielstudenten, zu Teilen noch ganz unbedarft, und meine Leute: Marik, Benz und Björn Geske. Rainald hat sich relativ schnell verabschiedet und gesagt: »Das ist nix für mich.«

Wir haben gleich einen Club gegründet. Frank Benz und die Dramaturgin Maria Viktoria Linke haben einen Salon eröffnet, in dem René dann ein Show-Programm einrichtete. Es gab dort viele Veranstaltungen mit Frank, René und Björn und den Schauspielstudenten, aber auch mit ein paar »Älteren«, die das interessant fanden und den frischen Wind gewittert haben – Kult pur, dort wo heute das »Schaufenster« ist.

Als Publikum hatten wir junge Hallenser und Studenten; die aber lange gebraucht haben, um zu begreifen, dass dieselben Leute, die da verrückte Shows machten, auch auf der großen Bühne spielten. Und danach wurde halt getanzt. Natürlich gab es ständig Ärger von den Anwohnern. Das war ja nicht als Club geplant, das war das Theater. So ist das ja oft: Eine Zeit lang ist es toll, und dann wird's verboten.

Meine erste Inszenierung war das »Seefahrerstück« von Oliver Schmaering, eine Arbeit, an die ich wahnsinnig gerne zurückdenke. Das hat die Hallenser schon irritiert. Und »Parzival – Der rote Ritter«, meine zweite Inszenierung, da gab's den ersten Nackten seit zwanzig Jahren. Da haben wir es in die »BILD-Halle« geschafft. Aber zum »Parzival« kam halt auch der Autor Adolf Muschg mit seiner Frau und hat mir eine rote Rose überreicht. Die erste Spielzeit war wirklich sehr aufregend, natürlich auch kontrovers ohne Ende, auch innerhalb des Hauses. Mit Hassbotschaften im Gästebuch – eine Kommentarleiste im Internet heute wäre ein Scheißdreck gegen das, was die Leute damals ins Gästebuch schrieben. Und auch in der Kantine wehte krasser Gegenwind, bis hin zu wilden Beschimpfungen, nicht nur mir, sondern auch Christian Weise und Enrico Lübbe gegenüber, den anderen beiden Hausregisseuren.

Natürlich gab es auch einen Zuschauereinbruch, der sich gewaschen hatte. Die Hallenser waren ja mit ihren älteren Schauspielern auch älter geworden, die wollten das sehen, was sie immer gesehen hatten und waren etwas verunsichert, dass da plötzlich was anderes stattfand und andere Leute auf der Bühne standen. Aber es entstand auch viel Neu-Publikum, das eine andere Altersstruktur hatte.

Das zweite Jahr war ja auch schon mein letztes, ich inszenierte »Leonce und Lena« und »Medea« mit Anita Vulesica – da waren vielleicht die letzten Mauerstückchen in den Köpfen innerhalb und außerhalb des Theaters eingerissen, und man konnte einfach sagen: Es ist so viel möglich! Und: Die Sachen können ja auch nebeneinander existieren! Aber da ist Christoph vorsichtiger geworden. Sehr viel vorsichtiger. Das hat mir nicht gefallen. »Virgin Queen« mit Sandra Hüller in der Hauptrolle, eine Koproduktion mit der Volksbühne Berlin, war dann schon eine Arbeit als Gast.

Sagen wir mal so – das erste Jahr war Wahnsinn, das zweite Jahr war gut; aber ich habe mir gedacht: Schöner wird's nicht mehr.

Das verrückte Haus an sich habe ich aber geliebt, diese Mischung aus Ich-bau-meine-Kantine-mit-Dachterrasse und den mittelalterlichen Schlossgängen, wo noch dieser typische Ost-Geruch drinhing. Dieser aussterbende Ost-Geruch, über den ich (auch als ich in West-Berlin wohnte) dachte: Dieser Geruch ist so fremd, der kann nur Freiheit und Abenteuer bedeuten.

Ich mochte, wie sich Peter Sodann wie ein gieriger Maulwurf durch dieses Häuserquadrat gegraben hatte. Und erst der »Biertunnel«! Genau so soll eine Kneipe aussehen. So will ich die haben. Holzgetäfelt. Toll. Manchmal habe ich in Halle inszeniert und die Kulturinsel tagelang nicht verlassen. Weil: Man konnte dort ja alles – inszenieren, schlafen, trinken. Was willste mehr!

Das war Sodanns Gesamtkunstwerk: Trinken und Kunst.

(Claudia Bauer hier mit ihrer Hündin Lilli am Ufer der Museumsinsel auf der Spree in Berlin.)

**CLAUDIA BAUER** / 1966 in Landshut geboren / bis 1994 Ausbildung an der Berliner Hochschule »Ernst Busch« in Schauspiel und Regie / 1999–2004 Intendantin am Theaterhaus Jena / Inszenierungen in Halle, Stuttgart, München, Leipzig, Hannover, Graz, Dortmund, Basel und Berlin / bisher drei Einladungen zum Theatertreffen / Claudia Bauer ist außerdem Titelgeberin dieses Buches

# Dipl.-Pupp.

## RAINALD GREBE

Ich bin in der Tat studierter Puppenspieler, mit Diplom ... An der Hochschule in Berlin unterrichtete der damals noch junge Puppenspieler Lars Frank, inzwischen unkündbar am Puppentheater in Halle. Der sollte eine Studio-Inszenierung machen, wollte aber nicht – und so kam Claudia Bauer ins Spiel. Mit Christoph Werner war Frank von Erfurt nach Halle gekommen: zwei alte Buddies. Wobei sie noch nicht im damals neuen theater waren, sondern in der alten Villa am Mühlweg. Die erste Arbeit war »Struwwelpeter«, die Claudia von Lars Frank übernahm, und dann kam »Faust«. Der entstand in Halle; da kamen wir da alle hin und haben da gehaust. 1998 war das. Halle war noch ganz anders als heute – ich mochte die Stadt und bin gern hindurchgeradelt. Damals gab es in der ganzen Stadt keinen Rucola-Salat.

Das Puppentheater war sehr beliebt, schon damals, das hatte Christoph Werner geschafft. »Faust« lief über mehrere Jahre, und wir, Claudia und ich, zogen weiter nach Jena. Da war es erst mal zu Ende mit Halle. Als Christoph Werner dann die Intendanz übernehmen sollte, hat er Claudia gefragt, ob sie Schauspielchefin werden will. Und wir sollten als Team von Jena nach Halle verpflanzt werden. Ich habe mir vor allem die

**40** JAHRE NEUES THEATER

Strukturen des Theaters angesehen; und im Abschiedsjahr hielt Peter Sodann ja vor jeder Vorstellung eine Rede. Das war schlimm. Es gab so viele Unkündbare, dass man kein neues Team aufbauen konnte. Ich habe gesagt: Ich will da nicht hin.

Wir waren sehr verwöhnt in Jena, weil wir völlig freie Hand hatten: mit Stoffen, mit sehr begrenztem Personal, sieben oder acht Schauspielern. Und jetzt siebzehn Unkündbare! Wie sollte das gehen? Wir wären die Saale eine Stunde abwärts gewandert und hätten uns nicht mehr mit Kunst beschäftigt, nur noch mit dem Apparat, mit den alten Strukturen. Das ist ja auch Christoph Werner voll auf die Füße gefallen. Aber wie Sodann sich festkrallte ... natürlich war das auch verständlich. Auch in Jena hatten wir Vorgänger, die nicht loslassen konnten.

Das ist meine Geschichte. Aber wegen Halle habe ich gedacht; Hey, ich mache mich selbstständig! Ich habe angefangen, Lieder zu singen. Denn das war dann ja nur ich. Selbstständig sein, mit Agentur und Homepage und viel Rumreisen – ein komplett anderes Geschäftsmodell war das. Aber Claudia hat es trotzdem riskiert, sie konnte sich die Arbeit ja auch noch nicht so aussuchen wie jetzt. Ich war dann noch Ko-Regisseur beim »Parzival – Der rote Ritter« von Adolf Muschg; das war eine schöne Inszenierung.

Ich habe Christoph Werner gesagt: Jetzt werde ich berühmt. Und das war wohl auch die richtige Entscheidung. 2013 ging es noch mal weiter; Claudia hatte zehn Jahre früher ein »Tarzan«-Stück inszeniert, noch für das Puppentheater, und dort hatten wir das Material und die Puppen eingemottet. Und wir haben gesagt: Wenn wir fünfzig sind, spielen wir das nochmal. Nun passierte das ein bisschen früher, mitten im Aufkommen der »BühnenWatch«-Bewegung über Rassismus und mit unseren »Tarzan«-Kommentaren. Was ja heikel war, denn der Text trieft ja nur so vor Rassismus. Als Studenten dachten wir noch, man muss das nur ausstellen und sich drüber lustig machen. Jetzt hieß es eher: Das kann man ja gar nicht mehr machen! Deshalb die Kommentare.

Und jetzt habe ich ja wieder gearbeitet am Puppentheater: »Die Weltmaschine«. Vor drei Jahren dachte ich: Ich möchte wieder Puppentheater machen und das »Theatrum Mundi« wieder beleben. Das ist eine ganz alte Kunstform, die es gar nicht mehr gibt; der Begriff stammt aus der Barockzeit. Aber die Theaterform entstand erst im 19. Jahrhundert, mit Wellen und Kurbeln und Pappfiguren, die vorbeiziehen und Weltgeschichte erzählen. Der Bühnenbildner Hamster Damm hat solche Maschinen mal nachgebaut, mit alten Plänen; und dieses Objekt stand in einem Schiffscontainer am Theater Neubrandenburg, und das haben wir ausgegraben. Das ist so aufwändig, das kann nur ein Puppentheater realisieren; mit Spielern, die mit dem Akkuschrauber proben und mit der Klebe-Pistole. Wir erzählen die Geschichte der Welt von der Schöpfung bis zum heutigen Tag.

Mehr habe ich nicht zu erzählen.

**RAINALD GREBE** / 1971 in Köln geboren / zunächst Straßenkünstler in Berlin / dann Schauspielstudium mit Abschluss als Puppenspieler / 2002 erste Bühnenshow mit Thomas Hermanns am Hamburger Schauspielhaus / zu Gast im »Quatsch Comedy Club« / seit 2004 erste CD-Produktion mit der »Kapelle der Versöhnung« / mittlerweile eigene Bühnenprojekte mit Schauspielensembles in Leipzig, Köln, Hannover, Berlin und zuletzt Dresden

**40** JAHRE NEUES THEATER

# Im Einsatz fürs Theater

## RALF HEINE

Mein Name ist Ralf Heine. Ich wurde am 27. Januar 1961 in Halle (Saale) geboren und wuchs in dem kleinen Dorf Brachwitz in der Nähe von Halle auf. Am gleichen Tag erblickten, wie ich später erfuhr, auch Christoph Werner, Wolfgang Amadeus Mozart und zur Freude meines Urgoßvaters auch Kaiser Wilhelm II. das Licht der Welt.

Während meiner Abiturientenzeit an der Thomas-Müntzer-Schule Halle nutzte ich die Möglichkeit eines Theaterabonnements und besuchte mit großer Freude monatlich Vorstellungen im »Theater des Friedens«.

Während meines Medizinstudiums an der Martin-Luther-Universität Halle-Wittenberg verfolgte ich die Aktivitäten Peter Sodanns und seiner auch handwerklich begabten Schauspieler, ein Schauspielhaus im damaligen Kino der Deutsch-Sowjetischen Freundschaft (DSF) aufzubauen.

1994 – ich hatte gerade meine Tätigkeit als Chefarzt im Diakoniekrankenhaus Halle begonnen – lernte ich Reinhard Straube während seines Krankenhausaufenthaltes persönlich kennen. Er sprach mich auf dem Stationsflur an und offenbarte mir, dass er unglaubliche Angst hätte, an der Beinvenenthrombose, an der er nach einem Langstreckenflug erkrankt war, sterben zu müssen. Nach einem langen Gespräch konnte ich ihm die Angst nehmen. Wir tauschten (für alle Fälle!) unsere Telefonnummern aus und ich erhielt von ihm die Einladung, mich nach einer seiner Vorstellungen mit ihm in »Strieses Biertunnel« zu treffen. Die fortan folgenden Treffen nach den Vorstellungen wurden dann in die »Dritte Etage« verlegt, was dazu führte, dass ich von nun an alle Schauspieler und viele Mitarbeiter des neuen theaters und gelegentlich deren Leiden kennenlernen durfte.

**40** JAHRE NEUES THEATER

Mit großer Begeisterung besuchte ich neben den Vorstellungen dann auch Proben. Unmerklich wurde ich quasi in das Ensemble des neuen theaters integriert. Es entwickelten sich Freundschaften, die ich als sehr wertvoll empfinde. Die Schauspieler hatten und haben auch die Gewissheit, mich bei gesundheitlichen Problemen jederzeit anrufen zu können. Zuweilen galt es, »Premieren zu retten«, wenn diese durch akute Beschwerden eines Akteurs bedroht waren, manchmal auch mit Infusionsbehandlungen in der Garderobe. Gelegentlich gab es auch amüsante Episoden. So erhielt ich an einem Freitag gegen 24 Uhr den Anruf einer jungen Schauspielerin, die fragte, ob ich auch die »Pille« verordnen dürfte. Sie habe es versäumt, sich rechtzeitig zu kümmern. Als ich ihr zusicherte, ein Notrezept auszustellen, war sie erleichtert und meinte, dass dies ja besser sei als die Pille danach.

Das Sodann-Theater hat mich begeistert und gefesselt. Es ist mir immer ein Vergnügen, Theater zu erleben, welches keiner Erklärung bedarf und emotional berührt. Ich bin sehr glücklich darüber, dass auch mit dem Wechsel der Intendanten das neue theater als grandioses Stadttheater eine feste Säule in der Kulturlandschaft Halles geblieben ist, auch wenn sich vieles geändert hat.

An der Ära von Christoph Werner hat mich begeistert, dass er spartenübergreifende Inszenierungen inaugurierte. Es war ihm gelungen, Schauspiel, Oper und Puppentheater miteinander zu verbinden. Matthias Brenner und Henriette Hörnigk haben das Theater weiterentwickelt und mit großartigen Inszenierungen bereichert, die auch überregional Beachtung fanden.

Seit zwanzig Jahren organisiere ich jährlich mehrere wissenschaftliche Veranstaltungen in Halle, an denen Ärzte aus ganz Deutschland, Österreich, der Schweiz und teilweise auch anderen Ländern teilnehmen. Es ist mir ein Bedürfnis, diese Kurse und Seminare auch durch kulturelle Höhepunkte zu bereichern. Somit ist ein Gesellschaftsabend im neuen theater mit kulturellem Programm, unterstützt durch renommierte Schauspieler und Studenten des Schauspiel-Studios, schon eine gewisse Tradition geworden. Anne-Susann Weber hat mich bei der Organisation dieser durchweg gelungenen Abende immer mit größtem Engagement unterstützt.

Ich möchte auch nicht unerwähnt lassen, dass ich für die kulturelle Begleitung der Gesellschaftsabende außerdem Unterstützung vom Puppentheater und dem Ballett Rossa bekam, welches derzeit von Michal Sedlaček geleitet wird. Meine Gäste waren nicht nur von den wissenschaftlichen Beiträgen, sondern auch von den kulturellen Höhepunkten im neuen theater begeistert. Ein Kollege aus Kassel schrieb mir neulich sogar, dass er inzwischen auch öfter mit der Familie zu

Theaterbesuchen in die »Heinesche Kulturhauptstadt Deutschlands« kommt.

Tradition sind auch die seit Jahren in der »Dritten Etage« stattfindenden Weihnachtsfeiern mit den Schwestern und Ärzten meiner Klinik, die neben Micha Strieses kulinarischen Spezialitäten auch immer durch einen exzellenten Beitrag der Studenten des Schauspielstudios bereichert werden.

Seit Kurzem habe ich mir einen Traum erfüllt und mit viel Spaß und großer Freude begonnen, dem Klavier harmonische Töne zu entlocken. Es ist mir eine besondere Ehre, dass der hervorragende Musiker Alexander Suckel den Mut, die Kraft und die Geduld aufgebracht hat, mich bei diesem Vorhaben zu unterstützen.

Reinhard Straube verdanke ich den Zugang hinter die Kulissen des neuen theaters. Er ist ein ausgezeichneter Schauspieler und darüber hinaus auch ein echter Hypochonder, der diesen auf der Bühne gar nicht spielen, sondern einfach nur auftreten muss. Über die Jahre hinweg hat er scheinbar auch ein umfassendes medizinisches Fachwissen erworben. Ich erinnere mich unter anderem an einen Anruf an einem Samstag um vier Uhr morgens. Reinhard Straube meldete sich aus »Strieses Biertunnel«. Er hatte bei einem dort auch anwesenden Kollegen eine akute Gallenblasenentzündung zweifelsfrei diagnostiziert und vertrat die Auffassung, dass er unverzüglich operiert werden müsse. Ich habe mir den Patienten sofort in der Klinik angesehen und konnte die Diagnose bestätigen. Der Mann wurde nach Eintreten der Nüchternheitskriterien noch am selben Tag operiert.

Vor vierzig Jahren wurde durch Peter Sodann und seine Mitstreiter ein grandioses Schauspielhaus und schließlich eine Kulturinsel in Halle geschaffen. In den folgenden Jahren haben er und seine Nachfolger dieses beispiellose Kulturprojekt weiter vorangebracht. Ich bin dankbar dafür, dass ich diese Entwicklung als »Theaterarzt« über zweieinhalb Jahrzehnte aus nächster Nähe mit verfolgen konnte. Herzlichen Glückwunsch zum Vierzigsten!

**RALF HEINE** / Theaterarzt am neuen theater und dem Theater auf verschiedenste Weise verbunden / im Jahr des vierzigjährigen Theaterbestehens hat er seinen 60. Geburtstag gefeiert

# Guten Tag, ich bin der Neue, und wir gründen jetzt die GmbH

## ROLF STISKA

Ich hatte mir nie vorgestellt, dass ich hier etwas zu tun habe. Ich hatte überhaupt keine Beziehung zu Sachsen-Anhalt als Land. Zu Sachsen ja, zu Sachsen-Anhalt nicht. Ich bin eigentlich aus dem Sudetenland, wir sind kurz nach Mecklenburg gezogen, aber ich bin zur Schule gegangen in Zwenkau, südlich von Leipzig, und zur Oberschule in Markkleeberg. Ich wollte aber immer nach Berlin, seit 1959 bin ich dort. Die Wendezeit hat mich dann wieder nach Sachsen gebracht – ich war fünfzehn Jahre Generalintendant in Chemnitz, bis ich fünfundsechzig wurde im Jahr 2006. Von Berlin aus habe ich danach Gutachten über die Theaterentwicklungen erstellt. Dann erreichte mich ein Anruf von Ulrich Katzer, dem Geschäftsführer vom Landesverband Ost im Deutschen Bühnenverein, der mir sagte: »Es gibt den Wunsch der Stadt Halle, die ganzen Theater und Orchester der Stadt zusammenzuführen, und wir brauchen jemanden, der das macht.« Zwei Jahre Vorbereitung, und dann wollte Herr Katzer wohl gern selber Geschäftsführer werden – so war das angelegt.

All meine Bekannten haben gesagt: »Du bist verrückt, sowas zu machen. Das kann ja nicht viel bringen, nur Ärger – für dich persönlich.« Aber ich dachte: Bevor ich nur in Berlin sitze ... So kam ich also nach Halle, in die Stadt, zu der ich keine Beziehung hatte. Ich war dann überrascht, wie schön und lebendig Halle ist, im Unterschied zu Chemnitz. In Chemnitz war wenig Leben auf der Straße, aber im Unterschied zu Halle war das Interesse der Bürger an der Arbeit der Bühnen wesentlich stärker.

Und hier: die beiden Häuser mitten drin, im Universitätsleben, in der Stadt. Enttäuschend war, dass das Theater so wenig angenommen war, und die Oper war

noch viel problematischer als das Schauspiel. Die Leute haben sich in großen Teilen verweigert. Der Bruch von Peter Sodann zu Christoph Werner war zu radikal. Was Sodann geschafft hatte, war eine ganz große Leistung – dass er sich Anfang der 80er Jahre trennen wollte vom Stadt- beziehungsweise Landestheater und etwas Eigenes aufbaute. Das Schauspiel hatte in den großen Häusern keine Zukunft, das hatte sich ja überall angedeutet – insofern war das ein sehr vorausschauender und kühner Schritt. Und unter den Verhältnissen in der DDR so etwas zu bauen – alle Achtung! Auch in der Verbindung mit Galerie und Gastronomie – ich habe immer gesagt: Hier müsste man vierundzwanzig Stunden Kultur bieten, rund um die Uhr; auch um die Studenten einzufangen.

Ich hatte in meiner Chemnitzer Zeit immer großes Misstrauen zwischen den einzelnen Sparten erlebt. Ich habe immer versucht, das auszugleichen; aber das Schwergewicht, mit dem meisten Personal, bilden halt Oper und Orchester. Eigentlich habe ich es als meine große Aufgabe in Halle gesehen, die Oper auf Trab zu bringen. 2005/06 hatte die Vereinigung der zwei städtischen Orchester stattgefunden, das war schon kein guter Vorgang – und als ich nun kam und sollte hier alles zusammenführen in einer GmbH, wollte das keiner. Christoph Werner war der Einzige, der sich mit auf das Pferd gesetzt und gesagt hat: »Es gibt keine Alternativen, ich will mich nicht wehren, ich mache da mit.« Derweil war an der Oper der Intendant weggelaufen, Frau Hahn mit dem Thalia Theater war absolut im Widerstand und die Orchester auch. Und Christoph Werners Bruch war halt zu abrupt – Sodann war immer auf die Stadt, auf das Publikum fixiert und nicht so sehr aufs Feuilleton, und Christoph Werner wollte alles anders. Das ist ihm auch partiell gelungen, über Halle hinaus Aufmerksamkeit zu erregen, aber weder das Ensemble noch die Besucher sind diesen Weg mitgegangen. Wobei man Werner zugutehalten muss, dass er das erkannt hat und irgendwann gesagt hat: Nein, ich leite lieber wieder mein Puppentheater.

Sein Problem lag im Inneren des Hauses – weil das Ensemble nicht mitgezogen hat. Und weil Werner meinte, dass er mit diesem Ensemble, zu ganz großen Teilen unkündbar, nicht arbeiten kann. Man kommt nicht weiter, wenn man sagt: Mein Ensemble taugt nichts, und von dem will ich nichts. Bei der Suche nach einem Nachfolger habe ich immer gesagt: Wir brauchen jemanden, der die Verhältnisse akzeptiert, wie sie sind, und sich zu den Leuten bekennt. Natürlich muss auch verjüngt werden ... und das war zuvor kaum möglich. Matthias Brenner hatte es in diesem Prozess später deutlich leichter.

Geholfen hat auch, was wir mit dem Thalia gemacht haben – dass wir das Ensemble von dort integriert haben, drei Unkündbare auch dort, die mitgekommen sind. Die Auseinandersetzung mit Frau Hahn war ein Thema für sich. Ich habe ja alle Leute aufgesucht, als ich anfing, und bin zu Frau Hahn gekommen und habe gesagt: »Guten Tag, ich bin der Neue, und wir gründen jetzt die GmbH.« Und sie sagt: »Nicht mit mir. Ich habe die Zusicherung von der Oberbürgermeisterin, ich muss nicht mitmachen.« Da war ich wieder draußen, bin zur Stadt, und dort wurde gesagt: »Nein, das Thalia Theater kommt natürlich mit rein.« Dieses Spannungsfeld blieb, bis wieder Geld fehlte, wir Haustarifverträge machten und ich entschied: Jetzt stoßen wir die Spielstätte Thalia ab. Der Aufsichtsrat hat mitgezogen und auch die damalige Oberbürger-

**40** JAHRE NEUES THEATER

meisterin. Wir haben gesagt: Nehmen wir das Thalia Theater doch mit in die Kulturinsel. Die bekommen ihr Stübchen, und die Ensembles bleiben getrennt. Da hat aber Brenners Team widersprochen. Schließlich wurde der Vertrag mit Frau Hahn gelöst und beides wurde praktisch zusammengeworfen; im Inneren zusammen und nach außen getrennt, weil Aufsichtsrat und Stadt wünschten, dass die Sparte Thalia selbstständig bestehen bleibt.

Das war eine harte Zeit, permanent gab es Störungen – aber die Hauptschwierigkeit im ökonomischen Sinn war das Orchester, zusammengeführt aus zwei sogenannten A-Orchestern mit je 99 Beschäftigten. Geblieben waren immer noch 152 Stellen – sowas gibt es in ganz Deutschland nicht. Meine Zielstellung für die GmbH waren 99, und so kam es in die GmbH-Vorlage. Wir haben dann über einen Haustarifvertrag einen Weg gefunden und nur noch 121 finanziert.

Als ich eingestiegen bin, im Frühjahr 2008, gab es die klare Vorgabe: GmbH und alles rein. Es war natürlich keine konsequente Lösung. Konsequent wäre gewesen: Wir machen eine GmbH mit einer Generalintendanz. Aber die Verträge der Leiter haben das unmöglich gemacht. Ich habe immer gedacht, dass man das machen müsste, spätestens 2016, als das von den Verträgen her möglich gewesen wäre – aber das wollte dann ja keiner. Ich war immer verdächtig, weil ich aus einer Generalintendanz gekommen bin. Aber das Modell »Generalintendanz« ist in der Stadt oder im Aufsichtsrat nie diskutiert worden. Mein Nachfolger wäre es gern geworden, aber er hat das nicht geschafft; weil niemand wollte, und weil er niemanden davon überzeugt hat. Ich hatte ja den Gesellschaftsvertrag darauf zugeschnitten, dass ich damit arbeiten konnte. Mir war schon klar, dass es ein Nachfolger schwerer haben wird. Aber mein direkter Nachfolger war nach meiner Meinung dafür am wenigsten geeignet. Ich hoffe, dass die jetzige Geschäftsführerin das Händchen hat, das zu sortieren. Die Struktur bleibt kompliziert. Alle wollen ja selbstständig sein. Und es kommt im Theater so sehr auf die Leute an – ob sie miteinander können, ob sie einen Weg finden.

**ROLF STISKA** / 1941 geboren / Ökonom mit Schwerpunkt Kultur / seit Mitte der 60er Jahre beim Magistrat in Ost-Berlin / ab 1973 Verwaltungsdirektor am »Berliner Ensemble« / nach der Wende für fünfzehn Jahre Generalintendant am Theater Chemnitz / 2008–2016 Geschäftsführer der Bühnen Halle

**40** JAHRE NEUES THEATER

# Nuff-nuff-nuff, ich bin der Igel

## AXEL GÄRTNER

Für meine Begriffe war das eine politische Fehlentscheidung – vor acht Jahren wurde das hiesige Kindertheater, das Thalia Theater, geschlossen. Worunter ich persönlich sehr gelitten habe, weil ich seit den 80er Jahren gern und überzeugt am Kindertheater geblieben bin.

Landläufig wird den Kinder- und Jugendtheaterdarstellern immer unterstellt: »Ihr müsst ja nicht studieren«, und im nt werde ich heute noch scherzhaft begrüßt mit »... ah, da kommt der Hase-und-Igel-Darsteller« ... mit Augenzwinkern natürlich. Aber das stammt aus Zeiten, wo es ernst gemeint war. Wir waren immer nur Kindertheater.

Ich habe 1981 angefangen – damals noch am »Theater der Jungen Garde«; das war ein reines Kinder- und Jugendtheater. Im Sommer sollte es losgehen, und ich sah abends die Premiere eines Jugendstücks, bevor ich den Vertrag unterschrieben habe. Am nächsten Morgen folgte die Vorstellung »Das Tierhäuschen« – und da traten die Schauspieler noch so auf: »Nuff-nuff-nuff, ich bin der Igel; Kikeriki, ich bin das Hühnchen« ... Da dachte ich: Axel, wo bist du denn hier hingeraten? Ich habe trotzdem unterschrieben. In der DDR war das ja so, dass man die ersten drei Jahre nach dem Studium an dem Ort bleiben musste, wo man unterschrieben hatte, als »gelenkte Vermittlung« sozusagen. Einen arbeitslosen Schauspieler durfte es halt nicht geben. Ich war sicher am Anfang: drei Jahre, aber im Höchstfall. Nur bald wieder weg hier.

Und dann die Stadt ... Es gibt ein schönes Buch von Helga Paris, »Diva in Grau«, ein Fotobuch. Da kann man sehen, wie Halle aussah. Halle war wirklich kein Schmuckstück. Das ist ja heute vollkommen anders. Meine damalige Frau hatte schon einen Trabbi, als wir aus Karl-Marx-Stadt hierher zogen; da hatten wir immer einen Handfeger im Auto, um morgens den Kohlestaub runterzufegen. Und wie das Leben so spielt – kam bei mir leider noch die NVA dazwischen. In dieser Zeit änderte sich die Auffassung von Kindertheater. Es wurde streitbarer. Der damalige Intendant Armin Mechsner hat sich sehr mit der politischen Ebene auseinandergesetzt. Und da fing es an, Spaß zu machen.

Armin Mechsner setzte den Abendspielplan durch und erreichte damit eine andere Qualität der Herausforderung. Damit man sich wirklich nicht nur mit der Thematik »Wie ziehe ich das Rübchen gemeinsam aus der Erde« beschäftigte, sondern auch andere Stoffe als Futter bekam. Diese Einführung des Abendspielplanes war für mich ein Schritt, um zu sagen: Hier bleibe ich!

Ein Kommilitone erzählte mir, dass er in Stralsund ganz erfolgreich den Hamlet gespielt habe; aber: »Nach zehn Vorstellungen ist dann Schluss, da ist kein Publikum mehr da.« Und ich sagte mir: »He, im Kindertheater spiele ich dreihundert Vorstellungen von einem Stück!« Und das hat mich stolz gemacht. Jetzt erlebe ich Kollegen vom nt, die auch Kindertheater spielen und merken, was für eine wunderschöne Erfahrung es ist, vor Kindern zu spielen. Man bekommt so viel direkt zurück, von der Ursprünglichkeit, von der momentanen Reaktion, von der Ehrlichkeit – man geht aus einer Vorstellung anders raus.

Unser Kindertheater war ein grandioses Theater, schon das Gebäude: alles vorhanden, Drehbühne, Hebebühne, Laufband. Ein komplett ausgestattetes Haus, mit richtiger Guckkastenbühne, die heute nicht genutzt wird und verfällt, in dem es auch riecht wie in einem unbewohnten Haus.

Ich vertraue bis heute Lob nicht. Ich bin da ganz gespalten. Neulich stehe ich in der Schlange vorm Sparkassenschalter und jemand ruft von hinten: »Herr Gärtner, wir hatten doch einen Termin. Kommen Sie mal vor!« Und ich: »Entschuldigung wir hatten doch gar keinen Termin.« Und dann hör ich ein Flüstern: »Herr Gärtner, Sie waren so toll im ›Faust‹, da können wir das schon mal machen. Was gibt's denn?« Ich kann damit nicht umgehen. Andere können das.

Aber zurück zum »Vor-Kindern-Spielen«. Irgendwann Mitte oder Ende der 80er Jahre habe ich bewusst die Entscheidung getroffen: für das alte Thalia Theater. Sicher auch, weil ich immer wieder Geschichten zu hören bekam über den Umgang von Sodann mit seinen Schauspielern – ich wäre daran zerbrochen. Das weiß ich. Ich hätte es nicht ausgehalten. Als die ersten West-Intendanten ans Thalia kamen, haben viele Kollegen Peter Sodann gefragt, ob sie rüberkommen dürfen. Denn über dem Kindertheater hing seit dem Mauerfall, also bis zur Schließung zweiundzwanzig Jahre später, immer ein Damoklesschwert.

Ich hatte in vierzig Jahren zwölf Intendanten. Aber von den vierzig Jahren muss man die elf Jahre mit Annegret Hahn abziehen, die schönste Zeit, und jetzt schon acht Jahre mit Matthias Brenner. Also bleiben einundzwanzig Jahre mit zehn Intendanten. Das ist auch unvorstellbar – und zeigt, wie dieses Haus zum Spielball wurde, bis Annegret Hahn kam: mit einer überzeugenden Ansage, sich alle Mühe zu geben, das Stadttheaterprinzip kaputtzumachen. Sie kam nach der Zeit an der Volksbühne in Berlin aus einem sich selbst genommenen Freiraum. Sie hat in ihrer Antrittsrede gesagt, dass sie eineinhalb Jahre vorher die Schnauze voll hatte vom Theater. Und erst die Ausschreibung »Intendanz für Kindertheater gesucht« habe ihr gesagt: Das könnte etwas sein, was sie selber noch nicht ausprobiert hat und worin sie einen Sinn sieht. Das werde ich nie vergessen, diese Antrittsrede. Vorher war ja Frau Mader da. Und ich war doch ein wenig traumatisiert. Annegret Hahn hat es geschafft, uns alles abzuverlangen und Spaß dabei zu behalten. Wir haben ja nicht nur im Theater gespielt, wir haben die ganze Stadt besetzt und gefragt: Wo spielen wir als Nächstes? Das war, rückblickend beschrieben, ihre größte Leistung. Sie war ein Ensembletier. Das war eine Begegnung der besonderen Art. Hut ab.

Für mich persönlich war es ein großer Schlag, dieses Haus zu verlieren. Das war damals wirklich widerlich, was hier in Halle passiert ist. Wir haben viel unternommen. Mich haben sie abgeführt aus dem Stadtrat als Rädelsführer. Ich wurde dann kurzzeitig entlassen, weil das Vertrauensverhältnis gestört war. Rolf Stiska hat mich entlassen und alle sagten: »Wieso, der Gärtner ist doch dreißig Jahre hier, den kann man doch nicht entlassen.« Und das hat funktioniert. Dass aber Kolleginnen und Kollegen vom nt die Straßenseite wechseln würden, wenn sie mich sahen, das hätte ich nicht geglaubt.

Den Kindern ein Haus wegzunehmen ... die spüren das doch, wenn sie ein eigenes Theaterhaus haben. Beim von uns erfundenen Thalia-Fasching, der bis heute gemacht wird, weil er ein Highlight ist, dürfen und durften die Kinder durch das Haus toben und dieses Theater in Besitz nehmen. Den Kindern so etwas wegzunehmen – das empört mich heute noch.
Es ist so kurz gedacht!
Ich weiß: Unter Peter Sodann wäre das Thalia Theater nicht zugemacht worden. Sodann war ein Partisanenkämpfer. Der hat eine Vision gehabt. Es wird noch eine Weile ins Land gehen müssen, und vielleicht wird auch er erst gehen müssen, und auch danach dauert es noch eine Weile – aber irgendwann wird das Theater »Peter-Sodann-Theater« heißen. Es bekommt immer wieder einen neuen Anstrich, aber »fest gemauert in der Erden« hat es Peter Sodann.

(Axel Gärtner wurde fotografiert vor einer Gipsintarsie von Hans Rothe. Das Gemälde heißt »Mythen und Märchen«, stammt aus dem Jahr 1965 und befindet sich im Puschkinhaus, dem ehemaligen Thalia-Theater.)

**AXEL GÄRTNER** / 1956 in Halle geboren / Tischler und Betonbauer in Berlin / ab 1977 Schauspielstudium in Leipzig / seit 1981 am Thalia Theater in Halle, das 2012 mit dem nt »zwangsvereinigt« wurde

# Der Schock des Neuen

## RENÉ MARIK

Ich kam zum Team von Christoph Werner, der ja der Nachfolger, der Kronprinz von Peter Sodann war und es ja dann auch geworden ist. Es hat sich aber als schwierig herausgestellt für Ludwig XIV., von seinem Amt zu lassen; Ludwig XV. war nicht willkommen – am liebsten hieß es: »Rübe ab!«

Ich bin frisch dorthin gekommen, war aber auch nur für ein Jahr fest und bin dann gleich wieder abgehauen. Und ich glaube, dass der Bruch nach Sodanns Zeit viel zu »un-hart« war, wenn es dieses Wort gibt. Was aber an der ganzen Struktur lag, in der Peter Sodann das Haus übergeben hat – also etwa, dass in einem Ensemble von vielleicht dreiundzwanzig Schauspielerinnen und Schauspielern siebzehn unkündbar waren. Und das zog sich durch alle Gewerke. Das ging so weit, dass Menschen an der Kasse standen und nach einem Stück fragten, das Claudia Bauer inszeniert hatte, und die Frau an der Kasse sagte: »Das ist furchtbar, da gehen Sie mal besser nicht rein!« Das war der Geist, der sich in dieser Zeit manifestiert hat: dass das komplette Unkündbar-Ensemble und die Gewerke des Hauses dieser Handvoll neuer Leute gegenüberstanden. Und ich will dabei ja noch gar nicht mal über den künstlerischen Ansatz reden. Es gab immer ein festes Gefüge, eine Hackordnung, wer da wie und was zu sagen hat. Und es war, glaube ich, auch schwer für diese Menschen, ihre Pfründe abzugeben oder sich vielleicht auch im besten Fall auf etwas Neues einstellen zu können. Das hat mich wirklich schockiert an dem Haus.

Ich kam aber halt auch nach fünf Jahren mit Claudia Bauer vom Theaterhaus aus Jena, und das war natürlich etwas ganz anderes – da sind wir als geschlossene Truppe hingekommen und haben quasi das ganze Haus übernommen, das Theater gekapert. Da war ein

anderer Geist im Haus. »Normales Stadttheater« hatte ich noch nie gemacht, und in Halle war diese neue Erfahrung dann wirklich geballt. Ich kann nur für mich reden – aber für mich war relativ schnell klar war: Ich seh' mich hier nicht.

In Jena war Rainald Grebe der »mastermind« gewesen; und in Halle gab es nun das »Riff« (heute das »Schaufenster«), wo ich mit einer Dramaturgin eine eigene Show entwickelt habe: »Torpedo Royal«. Das war gedacht als Haus-Show, in die wir auch die Älteren reinzuholen versuchten; es gab das »Fundstück des Monats«, es gab einen Interviewgast, es gab Musik von der Hausband »Die Männer in praktischen Jacken«, damals noch mit Sebastian Herzfeld, es gab Rubriken wie den »Unsingbaren Song«; es war halt ein bunter Revueabend, den ich moderiert habe. Und mit Puppen hab ich improvisiert.

In einigen Stücken habe ich mitgespielt, vor allem im »Parzival«, eine der schönsten Arbeiten von Claudia Bauer. Ich hatte nach der Erfahrung in Halle aber einfach null Impuls, mich an irgendeinem anderen Stadttheater zu bewerben; das war einfach nicht mein Ding. Und dann hatte ich natürlich auch das Glück, dass es auch einen anderen Weg gab, der ganz gut funktionierte.

Theater insgesamt war für mich in dem Moment ziemlich abgegessen. Theater, dachte ich, ist ein Käfig voller Narren, profilneurotischer Narren. Das war in Jena ja auch so! Ich glaube, dafür ist Theater einfach prädestiniert. Die Profilneurosendichte wie an einem Theater findet man wahrscheinlich sonst nirgendwo. Vielleicht noch in der Politik.

Natürlich gab's auch Kolleginnen und Kollegen, die sich offenen Herzens auf das Neue eingelassen haben.

Und es ist ja auch immer so: Wo Sachen ausprobiert werden, gehen Sachen schief. Nur wurde halt die Ursache immer bei den Neuen gesucht: Die können nix! Das passiert, wenn man in Strukturen festhängt. Ich will ja gar nicht prinzipiell sagen: Schafft die Unkündbarkeit ab oder schließt alle Stadttheater. Um Gottes willen! Das bleibt eine wichtige Institution – und wer sich da einrichtet, wer sich da wohlfühlt, wer irgendwann ein Haus gebaut und Familie und Kinder hat, wer sagt, dass er oder sie jetzt aus dem Alter raus ist, dass man alle zwei Jahre in eine andere Stadt zieht, wird diesen Widerspruch sicher nie auflösen. Für mich allerdings hat sich das eben nicht bewahrheitet; in dem Sinne, dass ich sagen konnte: Das hätte ich auch gern.

Claudia Bauer hatte »Medea« inszeniert, mit Anita Vulesica in der Hauptrolle, und nach der Premiere in der Kantine sagt mir einer von den älteren Kollegen: »Diese Medea, das ist doch eine Königstochter, die hat ja gar keine Krone auf!« Sie stand halt zu Beginn mit Aldi-Tüten auf der Bühne, als Migrantin – das ist halt ein anderer Zugang, eine andere Lesart. Aber das war schon zu viel. Ein Fall für die Theater-Polizei! Klar: Das ist in so einem Einzelfall natürlich auch ungerecht, es gab durchaus auch einige Kolleginnen und Kollegen, die sich da wirklich offenen Herzens eingelassen haben auf andere Wege oder Lesarten oder Sichtweisen. Aber so war der Geist – auch weil immer noch Peter Sodann wie ein Gespenst durch dieses Haus geisterte …

Diese ganze verbrannte Erde, die er hinterlassen hat … die war ja auch innerhalb der Gewerke; man hat es einfach gespürt, dass da eine große Ablehnung herrschte, von vornherein. Und immer diese Erinnerungen an die Aufbauzeit: Ich hab hier jeden Nagel ins Haus getragen – das hat sich ja übertragen auf Ton, Licht, Bühnenbauer, Schneiderei; das war einfach überall. Ich will niemanden angreifen – aber man hat sich überhaupt nicht willkommen gefühlt. Vielleicht wie nach der Wende: Jetzt kommen die Wessis und machen uns alles kaputt. Ich fand es ja auch bezeichnend, dass, als ich zu Vorproben da war, die »Wenderevue« lief – und das war 2006. Das war das erfolgreichste Stück; und erwachsene Schauspielerinnen und Schauspieler rannten in FDJ-Hemdchen über die Bühne und sangen: »Wir fahren mit dem Trabi nach Berlin!« Das fand ich schon auch sehr befremdlich. Da war der Absprung nicht geschafft, und man schoss sich auf einen zwielichtigen Geist ein, wie ich ihn zum Beispiel aus Jena nicht kannte. Aber Jena war auch schnell wieder auf den Füßen nach der Wende, und Halle hatte so um die 25 Prozent Arbeitslose ... Beim Bäcker gab's die Schrippen aus der guten alten Zeit, und man merkte: Hier herrscht ein ganz anderer Geist als zum Beispiel in Jena. Und das Theater hat sich da draufgesetzt, auch mit dieser »Wenderevue«, die für mich den Vogel abgeschossen hat; wo ich die Leute lachen sah und dachte: Das ist jetzt nicht euer Ernst! Klar – das kann man mir als arrogante Wessi-Haltung vorwerfen, aber ich habe das damals so wahrgenommen: als Gestrigkeit, so rückwärtsgewandt. Und das hat nichts mit Ost-West zu tun – ich finde es grundsätzlich falsch, die Augen im Hinterkopf zu haben und nur zu sagen, dass früher alles besser war. Das ist einfach eine Haltung, die ich nicht ertrage. Und dass man ein Haus so konserviert in Status und Struktur, das halte ich schon auch für fragwürdig.

Christoph Werner kannte ich von früher – ich war mal Gast im alten Puppentheater gewesen, als Schauspieler in »Werther«; und Claudia Bauer hatte »Faust« als Studio-Inszenierung in Halle gemacht, im alten Puppentheater. Der Gegenwind jetzt, wie ich ihn empfunden habe, ist ihm ja in Orkanstärke entgegengeschlagen, und das mag auch zu Verzweiflungstaten geführt haben. Ich glaube, Peter Sodann wollte, dass Christoph Werner sich eine Sodann-Maske aufsetzt und »Sodann« spielt – aber das geht natürlich nicht. Ein neuer Intendant muss neue Impulse einbringen können, mit einem entschiedenen Konzept zur Umgestaltung. Aber in dieser Situation, mit diesem trotzigen Kind, das nicht gehen wollte, hätte wohl niemand bestehen können. Ich glaube fest an Ursache und Wirkung – es ist so gekommen, wie es die Situation vorher möglich machte. Oder eben unmöglich.

Aber ich bereue es natürlich überhaupt nicht, dabei gewesen zu sein. Halle ist ein Teil der Erfahrung, die mich ausmacht, im Guten wie im Schlechten.

**RENÉ MARIK** / 1970 in Hildesheim geboren / Puppenspieler, Komiker, Gitarrist, Sänger und Schauspieler / Puppenspielstudium an der Berliner Hochschule »Ernst Busch« / nach vier Jahren am Theaterhaus Jena Wechsel zu Christoph Werner nach Halle / danach Puppenspieler u. a. im »Quatsch Comedy Club« / eigene Tourneen und Fernsehshows

# Licht ist mehr, als das Publikum sieht

## JACK BOATENG

Ich bin Lichttechniker hier am neuen theater und Meister für Veranstaltungstechnik. In der Ausübung meines Berufs komme ich oft in die dankbare, manchmal fordernde Situation, künstlerische Vorstellungen technisch umzusetzen.
Gelernt habe ich Elektromonteur bei der Deutschen Reichsbahn. Elektrotechnik und Elektronik interessierten mich schon immer. Eigentlich wollte ich Fernmeldemechaniker werden, war dann aber in einem Umspannwerk bei der Bahn und spezialisierte mich in Richtung BMSR-Technik.
Durch einen persönlichen Kontakt erfuhr ich, dass ein Kollege der Tontechnik hier am Theater zum Wehrdienst einberufen wurde. Ich hatte eine große Affinität zur Elektronik, zum Basteln und zur Akustik, also stellte ich mich, ohne großes Bewerbungsschreiben, nur mit einem kurzen Gespräch vor. Der technische Leiter sagte: »Dann kommst du mal am Montag.« Er stellte mich den Kollegen vor und ich sah mir die Inszenierung »Draußen vor der Tür« von Wolfgang Borchert an. Diese Inszenierung hat mich gefesselt und gepackt und ich war zwei Jahre in der Tonabteilung. Dann kam die Wende und der Kollege kehrte von der Armee zurück. In dieser Zeit verließen viele Menschen das Land, auch Techniker vom Theater, darunter Beleuchter. Deshalb wurde ich gefragt: »Jack, kannst du mal vorübergehend in die Beleuchtung wechseln?« Ich fand Gefallen am Gestalten mit Licht durch Inszenierungen wie: »Die Ritter der Tafelrunde« von Christoph Hein oder »Die Richtstatt« von Tschingis Aitmatow. In meinen ersten Proben, die ich weitestgehend selbstständig betreute, wurde ich sehr gefordert. Aber ich lernte viel und das Theaterleben ging richtig los. Wieder weg vom Theater wollte ich nie.

Beleuchtung und Ton versetzen Zuschauer in vielfältige Stimmungen: mal in eine unwirkliche Situation, einen Traum, in einen schönen Tag, in nächtliches Dunkel. Im optimalen Fall gelingt es, dass die Zuschauer das assoziieren. Natürlich habe ich manchmal das Gefühl, dass ich nicht kann, wie ich will, weil die technischen oder zeitlichen Möglichkeiten Grenzen setzen. Aber der Ehrgeiz, das Bestmögliche für das jeweilige Stück zu realisieren, ist immer da. Angenehm empfinde ich die Möglichkeit, kreative Vorschläge einzubringen; wenn zum Beispiel BühnenbildnerInnen oder RegisseurInnen nicht mit unserem Theaterraum vertraut sind. Wenn dann Vorschläge von mir in das Gesamtkonzept mit einfließen, macht mich das auch ein bisschen stolz. Ich halte es für vorteilhaft, wenn BühnenbildnerInnen schon beim Entwurf der Bühne die Möglichkeiten der Beleuchtung mitbedenken. Oft gibt es tolle Vorstellungen davon, wie die Bühne aussehen soll. Sie wird konstruiert und in einem Modell angefertigt – und erst spät wird das Licht besprochen und dann sind vielleicht Möglichkeiten verschenkt. Bei der Bauprobe sollte die Beleuchtung auf jeden Fall schon dabei sein, um solchen Situationen von vornherein entgegenzuwirken. Denn jetzt wird das gedachte Bühnenbild im Raum angedeutet. Stellwände und Podeste definieren die Ausmaße der Bühne, um Proportionen herauszufinden und Gänge und Sichtlinien zu markieren. Hier habe ich als Beleuchter die Möglichkeit, gute Bedingungen für das Licht zu schaffen. Positionen von Scheinwerfern und Spezialeffekte werden besprochen. Ebenso sicherheitstechnische Fragen. Welche Materialien verwendet werden, wie Oberflächen gestaltet werden und wie sie auf Licht reagieren, kommt auf einer Bauprobe genauso zur Sprache.

Wenn die Produktion auf die Bühne kommt, sind vormittags Proben, in der Regel bis 14 Uhr, und anschließend findet die Beleuchtungsprobe bis zur Abendprobe statt. Falls keine Probe angesetzt ist, wird einen halben Tag lang geleuchtet. So ist die Zeit der Endproben sehr anstrengend.

Von den vielen Arbeiten, die an einem Theater nötig sind, weiß das Publikum wenig. Theater ist immer anders und immer mehr, als man sieht. Unser Saal im »neuen theater« ist eine Szenenfläche, es gibt keine in Stein gemeißelte Position für das Publikum. Die Zuschauertraversen können wir frei verschieben, die Leute sitzen dann zum Beispiel einander gegenüber. Das macht die Arbeit sehr herausfordernd, denn man muss natürlich alle Blickrichtungen lichttechnisch bedenken. Das ist auf einer reinen Guckkastenbühne einfacher. Da kann ich auch eher in die Trickkiste greifen. Wir haben bei uns am Haus den Abteilungsleiter Beleuchtung, zwei Beleuchtungsmeister und die Beleuchter. Im Prinzip kommt auch jeder Beleuchter in den Genuss, sich kreativ bei kleineren Stücken auszuprobieren, und kann dann auch mal ein größeres Stück betreuen. Der Grund dafür ist, dass wir vier Bühnen haben, die oft parallel von uns betreut werden: den Großen Saal, die Kammer, das Schaufenster und den Hof.

Wir sind aktuell dabei, die Beleuchtung mit neuem Equipment auszustatten. Die Kammerbühne haben wir im vergangenen Herbst fertig gestellt. Viele Geräte waren veraltet, aber die Technik wurde sehr gepflegt. Der Große Saal braucht ebenfalls einige Erneuerungen, denn die Anforderungen ändern sich ständig. Regisseurinnen und Regisseure kommen von anderen Theatern und wissen, was dort technisch möglich ist. Sie sind hohe Standards gewohnt, damit können wir manchmal leider nicht mithalten. Das schmerzt.

Gern greife ich auch mal in die »Farbkiste«. Aber im Schauspiel geht es nicht immer bunt zu, da gibt es wiederkehrende Lichtqualitäten. Vom warm ausgeleuchteten bis zum unwirklichen kalten Spiellicht. Unwirkliches, kaltes Licht – das gibt es oft.

Ich habe 1988 hier am »neuen theater« angefangen. Peter Sodann war sehr präsent und ich kenne noch die Zeiten, als er durch das Foyer ging und prüfte, ob an einem der Kronleuchter eine Lampe defekt war. Früher gab es eine »Lampenrunde« für uns von der Beleuchtung. Das bedeutete, dass wir durch das ganze Haus zogen und defekte Lampen ersetzten. Das machen jetzt die Kollegen der Haustechnik. Sodann aber sah die einzelne Lampe im Meer von Glühlampen. Er war sehr umsichtig und lebte das vor.

Die vergangenen Jahre waren herausfordernd. Dennoch bin ich dankbar für meinen Beruf. Ich will, dass Theater Menschen berührt, weckt und aufrüttelt. Denn Theater hat für mich diesen Zauber und diese Kraft.

**JACK BOATENG** / 1969 in Halle geboren / kam 1988 ans nt und ist heute Meister für Veranstaltungstechnik im Bereich Lichttechnik des Theaters

# Theater ist Erhebung

## MATTHIAS BRENNER

Es war diese Frage der Oberbürgermeisterin, die damals vor dem Aufsichtsrat im Bewerbungsverfahren für die neu zu besetzende Intendanz meinen Redefluss zum Stocken brachte: Was denn das »Alleinstellungsmerkmal« am neuen theater sein werde in einer Zukunft mit mir als Chef? Ich überlegte einen Moment, zumal »Alleinstellungsmerkmal« vor mehr als zehn Jahren in meinem Sprachgebrauch als Begriff eher nur am Rande sinnliche Einkehr gefunden hatte. Schließlich antwortete ich, dass jenes Alleinstellungsmerkmal längst Realität sei – dieser unglaubliche Theater-Bau nämlich mit all seiner Geschichte. Ich fände ein Theaterhaus-Konstrukt mit einem einzigartigen Netz an architektonischen Zusammenhängen vor, verschlungen und so unlogisch, aber ebenso natürlich gewachsen wie das menschliche Leben selbst. Dieses mannigfaltige Geäder mit seinen Blutgefäßen müsse täglich gefüllt werden mit pulsierendem Leben, Tag und Nacht – als Lebensraum für Kunst, seine Förderer, sein Publikum, mitten in unserem Alltag, mit unterschiedlichsten Räumen zum Arbeiten, gleichsam zum Feiern, Essen und Trinken, zum Schlafen nach dem Rausch und nach der Arbeit, zum Streiten, zum Verkrachen und Versöhnen, zum Behaupten, zum Irren, zum Fehlermachen, zum Verlieben, zum Sichtrennen, zum Lebenlernen, zum Erfolghaben und zum Scheiterndürfen.

Das alles im Verbund zwischen den Menschen dieser Stadt und seinem Ensemble als eingeschworene Gemeinschaft vor den Fragen nach dem Sinn unseres Zusammenlebens – ich behauptete damals, dass ich dieser sehnsüchtigen Lust erster Diener sein wolle und mir vorgenommen hätte, für meine Branche nachzuweisen, dass ein Theater nicht, wie mittlerweile üblich, von Advokaten oder Kaufleuten im Gefolge der Politik

zu leiten wäre, sondern aus der Mitte unseres Berufes heraus, aus der Sehnsucht der Schauspielerei. Ich fände da ja einige Vorgänger: William Shakespeare, Jean Baptiste Molière, Friederike Caroline Neuber (bekannt als die legendäre Neuberin), Conrad Ekhof, Gustaf Gründgens, Wolfgang Heinz, Peter Stein, Ariane Mnouchkine, Dieter Mann und viele, viele mehr. Ich glaube heute, ich war so dringend, eher humorlos und laut bei meinen Ausführungen, weil es meiner Seele in jenem Moment damals um alles ging, was mich bewegte, und dass ich für die pralle, risikofreudige und selbstbewusste Ausübung unseres Berufs eintrat und eben nicht um Rechtfertigung buhlte vor dem Hintergrund der Wirtschaftlichkeit.

Schon Georg II., der das Meininger Theater erbauen ließ, überschrieb mit einem Relief den klassizistischen Portikus seines Prachtbaus für jedermann sichtbar mit den Worten: »Dem Volke zur Freude und Erhebung« – womit er sich seinen Regenten Kaiser Wilhelm II. zum ideologischen Gegner machte. Ich beschreibe das hier, weil ich meine Kindheit in jener Stadt verbrachte und täglich mit diesem Slogan und dem Wort »Erhebung« in allen Varianten seiner Bedeutung heranwachsend tagträumte.

Ich sehe auf zehn Jahre in Halles Theater zurück: die Schließung des Thalia-Theaterhauses in der Kardinal-Albrecht-Straße, die Übernahme des Ensembles vom Kinder- und Jugendtheater auf unsere »Kulturinsel«, die Flutkatastrophe und die für unser Theater so folgenreichen millionenschweren Einsparungen für Bildung und Kultur, die Flüchtlingstragödie und die Auseinandersetzungen um die Asylpolitik auf allen Ebenen der Gesellschaft, in der Folge der massive Einzug der rechtsnationalen Populisten der AfD in unseren Landtag, wobei später die ›Identitäre Bewegung‹ zum ersten Mal in Deutschland ein eigenes Haus besitzen sollte, und das ausgerechnet in Halle; das rassistische und antisemitische Attentat vom 9. Oktober 2019 und natürlich die derzeit weltweite Pandemie – all das waren und sind einschneidende Wegmale für unsere künstlerische Arbeit in der letzten Dekade.

Auf Halle als Stadt bin ich stolz – weil es im Gegenzug zu alldem »Hallgida« nicht zur Protestbewegung wurde, weil gegen die damalige Sparwelle der Landesregierung die Universitäten und die Kunstschaffenden zu Tausenden auf die Straße gingen und gemeinsam für die Würde von Bildung und Kultur eintraten, weil nach dem Attentat auf die Synagoge und der Ermordung zweier Menschen in dieser Stadt Flagge gezeigt wurde für Vielfalt und Demokratie, weil »Halle gegen Rechts« viele Initiativen der Stadt gegen Nationalismus vereint hat, weil Halle ein unglaubliches Kunst- und Kulturangebot in allen möglichen Branchen ermöglicht und beherbergt. Und natürlich durfte ich bei al-

**40** JAHRE NEUES THEATER

len politischen Auseinandersetzungen erfahren, wie wichtig wir als Theater in dieser Stadt und in der Region sind. Nicht nur die Zuschauerzahlen belegen das. Unser Theater in Halle ist Meinungsmacher und Wahlkampfthema. In diesen zehn Jahren sind unsere Feiern zum 1. Mai (seit 1990 Tradition am neuen theater) von immer mehr Menschen besucht worden, in den letzten vier Jahren von bis zu fünftausend Zuschauerinnen und Zuschauern.

Halle ist eine Theaterstadt mitten in den Zerrbildern der politischen Wandlungen und der Extreme. Es sucht seine Wahrheit zwischen den Markensymbolen von Händel über Leopoldina und Burg Giebichenstein bis zu den Franckeschen Stiftungen und findet sie in so vielen Menschen, die täglich bereit sind, Verantwortung zu übernehmen für die Gestaltung des Zusammenlebens. Dafür sind seit dem Theater von Horst Schönemann und Gerhard Wolfram in den 60er Jahren viele Kollegen bis heute leidenschaftlich eingetreten. Ich darf hier zum Glück davon ausgehen, dass ich die Zuschauerzahlen nicht unbedingt steigere, bloß weil ich zwischen all den schwierigen Themen auch mal eine Komödie platziere. Im Großen und Ganzen ist es in Halle so, dass die Menschen aller Generationen den Weg zu uns suchen (und finden!), weil ihnen nicht nur die Themen, sondern auch Schauspieler und Schauspielerinnen wichtig sind. »Die Weber« von Gerhart Hauptmann, Klaus Manns »Mephisto«, Fassbinders »Angst essen Seele auf«, Stoffe von Bert Brecht oder Elfriede Jelinek, »Die Blechtrommel« von Günter Grass, oder im Kinder- und Jugendtheater mit Sibylle Bergs »Mein ziemlich seltsamer Freund Walter« – das sind nur einige Beispiele für Zuschauererfolge mit großem thematischem Hintergrund. Und Komödien gehören genauso zu unserem Alltag, weil »die lachende und die weinende Maske« nun mal das Doppellogo sind für die Vielfalt des Theaters, seit es Theater gibt. Und an erster Stelle bei der Auswahl von Stücken und den Zuordnungen der Rollen zum Ensemble stand immer die mögliche Verbindung des Künstlers zum Zuschauer – und umgekehrt! Diese sinnliche Wechselwirkung erkennen wir als wichtigste Voraussetzung für das gegenseitige Übermitteln von Fragen, von Sorgen, von Ängsten, von Vorschlägen, von Hoffnungen; von Themen schließlich, die vom Scheitern und vom Gelingen erzählen. Aber immer sind sie geleitet von der Ermutigung, die Verhältnisse, die uns vom Menschsein entfernen wollen, zu verbessern.

Das fordert der Name neues theater geradezu ein.
Was ich Ende Januar 2010 vor dem Aufsichtsrat der Oberbürgermeisterin auf die Frage nach dem Alleinstellungsmerkmal antwortete, würde ich heute genauso bestätigen. Es waren bisher unglaublich aufregende und komplizierte Jahre, die ich in einer Stadt erleben

durfte, von der ich weiß, dass sie unsere Arbeit unbedingt möchte, weil sie uns braucht. Jeden Morgen, wenn ich das Haus zur Arbeit betrete, bedanke ich mich in Gedanken bei Peter Sodann für diesen unfassbar originären Theater-Bau. Das ist unser Fundament – und sein großartiges Lebenswerk. Aber ich gebe auch zu (und Peter weiß das), dass ich spätnachts, wenn ich das Haus wieder verlasse, mich bei allen Kräften des Himmels auch dafür bedanke, dass Peter Sodann nicht mehr »der Boss« ist, sondern dass wir jetzt mit unserem wunderbaren Ensemble auf diesem Fundament nach unseren Überzeugungen arbeiten dürfen!

Am Anfang meiner Arbeit hatte ich einen Traum vom Ziel am Ende meiner Intendanz. Ich würde mir wünschen, dass ich an diesem Tag/Abend vor den Vorhang treten muss, um dem Publikum im vollbesetzten Saal zum Beispiel eine Umbesetzung aus Krankheitsgründen anzukündigen. Eine ganz normale Aufgabe im Alltag am Theater. Doch da entdecke ich voller Genugtuung, dass alle Zuschauer, jeder und jede Einzelne, ein Pflaster auf der Stirn hat und mich erwartungsfroh ansieht. Was ist geschehen? Ganz einfach: Diese Menschen waren auch am Vorabend im Theater und bei uns gewesen und hatten sich derart »erhoben« gefühlt, dass sie (ohne es zu bemerken) zehn Zentimeter größer wurden. Auf dem Nachhauseweg haben sie sich die Stirn an ihrer Autotür, beim Einsteigen in die Straßenbahn, beim Betreten der Kneipe oder an der Haustür gestoßen. Sie haben sich ein Pflaster über die Stirn geklebt und sind heute Abend wiedergekommen.

**MATTHIAS BRENNER** / 1957 in Meiningen geboren / nach der Schauspielausbildung an der Hochschule »Ernst Busch« in Berlin zunächst an die Theater in Annaberg-Buchholz und Erfurt / nach der Wende am Schillertheater Berlin, in Bremen und Leipzig / als Regisseur zahlreiche Gastarbeiten von Basel bis Schwerin, von Berlin bis zu den Burgfestspielen in Mayen / seit 2011 Intendant am neuen theater in Halle

**40** JAHRE NEUES THEATER

# Halle ist gnadenlos ehrlich

## HENRIETTE HÖRNIGK

*Nach Halle?*
*Ja.*
*Neulich hast du noch gesagt, es ist hässlich dort,*
*und jetzt ziehen wir da hin?*
*Habe ich wirklich hässlich gesagt?*
*Ja, hast du.*
*Nein. Es ist ganz toll.*
*Mmh.*

(»Neulich« – das war 2010, da sah ich in Halle Herbert Fritschs Inszenierung von »Raub der Sabinierinnen« und traf ihn danach im »Roten Horizont« und fragte, ob er nicht in Schwerin Hauptmanns »Biberpelz« inszenieren will. Er kam dann ans Mecklenburgische Staatstheater und seine furiose Inszenierung ging zum Theatertreffen.
»Nach Halle«? – gefragt hatte mich meine damals sechsjährige Tochter, mit der ich nach langer Bahnfahrt erschöpft am Pfaffenteich nach Hause spazierte und die Idylle Schwerins im Vergleich zu Halle pries.)

Ein Jahr später, 2011, dann mein Engagement nach Halle – Zufall.
Halle – im Regenschatten vom Harz. Entscheidender Vorteil gegenüber dem festen, grauen Himmel in Mecklenburg. Und sonst?
Matthias Brenner fragt mich, ob ich seine Chefdramaturgin sein will. Neuanfang.
Ich denke, dass die Entscheidung von Theaterleuten jeder Generation für ein Engagement ans nt immer eine ganz bewusste war, weil sie sich – zumindest für die vergangenen zehn Jahre, in denen ich dort arbeite – stark mit dem Programm und vor allem mit dem Ort auseinandersetzten.
Halle – das ist irgendwo zwischen Leipzig und Berlin, jedenfalls im Osten.
Kommen junge Schauspielstudenten zum Vorsprechen, fragen sie des Öfteren: Was ist das für eine Stadt? Wer lebt und arbeitet hier, in Sachsen-Anhalt, einem Landstrich, der latent unterfinanziert ist?
Ihnen zur Beruhigung antworte ich: Hier kommen viele her, die es nie vorhatten.
Und sie bleiben lange, auch das ist selten geplant.
Ich selbst wusste vom nt und Halle: Es gibt eine starke Theatertradition.
Und beobachte hier ein besonderes Publikum: Stammpublikum. Laufpublikum. Außerdem ein zugereistes. Das dir einerseits auf dem Markt zuwinkt, das dir Briefe schreibt, aber andererseits am Berliner Hauptbahnhof über eine kürzlich gesehene Inszenierung im nt schwärmt. Halle hat nicht per se volle Aufführungen, die durch Abonnements gesichert sind, die zwölfmal auf dem Spielplan stehen und dann wieder aus dem Repertoire verschwinden. Halle stimmt oft ab an der Abendkasse. Hört auf Empfehlungen.

Natürlich gibt es auch Stücke, die nicht laufen. Sie sind stark, aber trotzdem wollen nur wenige sie sehen, die rettet auch kein Abo. Dieser Querschnitt prägt unser Profil.
Halle ist gnadenlos ehrlich. Nicht feierlich oder glamourös. (Bis kurz vor Vorstellungsbeginn scheint der Saal manchmal nur spärlich gefüllt, man denkt: Wo sind die bloß alle? Man denkt: Es ist doch ausverkauft. Und dann: Fünf vor halb acht strömen die Leute endlich herein.) Zur Einstimmung gemütlich mit dem Sektglas durchs Foyer flanieren, das wird man am neuen theater nicht finden. Einen Dresscode gibt es schon gar nicht. Eher: Immer auf den letzten Drücker kommen und dann auf den Treppen der Traverse noch einen Platz finden. Kann sein, neben dir sitzt der Bürgermeister, ihn sieht man oft im Zuschauerraum, und/oder andere: Politiker, Wissenschaftler, bildende Künstler, Studenten.
Neues Theater? – Ein Gebäude oder ein Trend?
Das Gebäude: Mich erinnert das nt als Ort auch an die alte Schaubühne am Halleschen Ufer in West-Berlin. Ein puristischer Saal, ohne klassische Theatertechnik, Phantasieraum pur. Eine Werkstatt. So habe ich Peter Sodanns Idee für Halle auch verstanden, wenn er vom alten »Theater des Friedens« aus, also dem Opernhaus, das sich alle Sparten teilten, sinngemäß gesagt haben muss: »Ich komme da zu wenig vor. Ich muss meine Zeit nutzen, will öfter spielen. Ich suche mir einen Ort, wo ich mein Theater machen kann. Das möglicherweise nicht sechshundert Plätze füllen kann und muss. Hier will ich neue Texte zeigen. Dazu brauche ich keine monumentalen Bühnenbilder, sondern einen Begegnungsraum. Unmittelbar zum Zuschauer.«
Das war auch die Innovation des Theaters von Peter Stein: die Erfindung eines Theaterraums, für jedes Stück

neu. Die Etablierung einer Atmosphäre für ein Happening, das sich ganz auf den Kontakt zum Zuschauer konzentriert. Dieser Raum erfordert eine spezielle Spielweise und die prägt in anderer Weise bis heute auch das nt-Ensemble. Jeder, der dort arbeitet, entdeckt das für sich.

Die besten Inszenierungen sind die, die den Zuschauer mit einbeziehen, die ihn ohne Distanz direkt ansprechen, ohne sich anzubiedern. Manchmal führt das auch zu einer professionellen Intimität, die nicht mit Privatheit verwechseln werden darf. Es ist besonders: dieses Augenzwinkern zum Zuschauer, ohne sich zu verbrüdern. Sobald man den Raum betritt, teilt man ihn sich gemeinsam – Zuschauer und Spieler.

Elke Richter ist da wirklich Meisterin ihres Fachs. Für meine Arbeit habe ich von ihr gelernt: Unausgesprochene Voraussetzung dafür, dass ein Abend funktioniert, ist, dass die oben denen unten (gerade, weil es keine klassische Bühnensituation gibt) klar machen: Wir sind jetzt gemeinsam hier. Nur mit dem Unterschied, dass wir für euch spielen. Volkstheater?! Wenn alle gemeint sind, ja.

Der Trend: Neue Texte wurden für das nt immer gesucht. Prägend für den Spielplan des Hauses. Ende der 80er Jahre – als für mich persönlich Müllers »Lohndrücker« am DT, sein »Hamlet/Hamletmaschine«, später Einar Schleefs Inszenierungen am BE, aber vor allem Castorfs Volksbühne in Berlin der Grund waren, Theater machen zu wollen – wurden Klassiker wild mit neuen Texten gemixt. Die Fragen lagen in den Schnittmengen der Paradigmen. Theater der Zeitenwechsel. Theater aber auch der großen Ensembles: Das war und ist für mich immer nachhaltig mit Schauspielern verbunden, die nicht, scheinbar austauschbar, von Theater zu Theater wechseln und als Gastmarke den Wert eines Ensembles bestimmen. Das hat auch mit gewachsener »Treue« der Regisseure und Regisseurinnen zu ihren Leuten zu tun. In einer weltpolitischen Zeit, die am wenigsten Theater brauchte. Vielleicht ist es in den Jahren vor und nach der Wende wirklich etwas Einzigartiges gewesen, dass in der Phase großer Umbrüche Theater eine verlässliche Familie sein konnte. Aber darüber hinaus auch ein Privileg für ein Publikum, das Theater mit in sein Leben lässt. Und zwar als Identität und nicht als Event. In dieser Phase habe ich Matthias Brenner 1995 in Leipzig bei Wolfgang Engel kennengelernt – er Schauspieler, ich Hospitantin.

Als wir fünfzehn Jahre später unsre gemeinsame Arbeit am nt begannen, war das Erste, was Kollegen zu meinem Engagement kommentierten: »Ach, da gehst du zu dem Sodann-Ensemble. Zu den ›UKBs‹, den Unkündbaren.« Das klang wie ein Schimpfwort. Erstens lösten wir nicht Peter Sodann, sondern Christoph Werners Intendanz ab, und zweitens unterschätzten die Leute, dass sich dahinter auch eine beneidenswerte Altersstruktur verbarg, die sich nicht so einfach mit der Gründung eines neuen Ensembles herstellen ließ. Ich wusste und wollte: Unsre Chance ist, damit zu spielen. Die Stigmatisierung des nt-Ensembles der 90er Jahre hat mich nie interessiert. Warum auch? Ich kannte niemanden persönlich. Ich habe beim Spielplanen immer gleichberechtigt von Texten und vom Ensemble aus gedacht. Hatte auf das Erfinden für eine gewachsene Gruppe immer Lust: logistisch, künstlerisch und sozial.

Ensemblefluch oder Ensemblesegen? Kein Werk funktioniert auf der Bühne für sich als Modell. Ohne die konkrete Phantasie für die Besetzung ist es nichts. Und aus dem Vollen schöpfen zu können, ist ein Glück.

Wir haben, zu Beginn unsrer Arbeit, versucht, das ganze Haus zu bespielen, die Zuschauer einzuladen in die Räume hinter den Kulissen. Denn diese sind in Halle genauso wichtig wie die Bühne selbst. Wie auch die raffinierten Zugänge zu den Kneipen im Haus: immer auf direktem Weg. Das war offenbar Sodanns kulinarischer Wunsch. Akribie, Unbarmherzigkeit und Strenge waren das Maß der Dinge, wird ihm nachgesagt. Seine Art von Despotismus hat dem nt damals neben seinen Arbeiten auch ein unverwechselbares Markenzeichen verschafft, die rote Narrenkappe. Die kannte man auch, ohne dass man je im nt gewesen sein musste.

Sodann selbst habe ich erst an unserem Eröffnungstag persönlich kennengelernt. Er kam strahlend und sehr charmant an und sagte: »Ach, Sie sind ja sicher auch Schauspielerin am Haus, wie schön.« Und ich antwortete: »Nein, ich bin die Chefdramaturgin.« Da versteinerte sein Gesicht und er schaute nur zu mir hoch und sagte: »Ach du Scheiße.« Bevor ich überlegen konnte, ihm meinen Sekt ins Gesicht zu schütten, kam ein Kollege von ihm dazu und begrüßte mich herzlich: »Mensch, Sie sind sicher eine neue Schauspielerin, das ist ja toll.« Dann sah er zu Sodann rüber. Der winkte nur ab: »Chefdramaturgin«. Und der andere Typ nur: »Ach du Scheiße.«

Das war mein Empfang. Raue Gegend, Rauer Ton.

2020 – Halle ist wie Berlin vor zwanzig, wie Leipzig vor zehn Jahren – sagt man. Einerseits hip und links, andererseits die Identitären, die Rechtsradikalen, das Attentat. Die Kontraste könnten größer nicht sein. Halle bleibt widersprüchlich und sehr belastet von den Problemen dieses Landes. Ein guter Ort für Theater in der Zeitenwende.

**HENRIETTE HÖRNIGK** / 1973 in Berlin geboren / Studium der Germanistik und Theaterwissenschaft in Berlin und Paris / Dramaturgin beim Theater »RambaZamba« / seit 2000 Chefdramaturgin und Regisseurin in Schwerin / 2011 Chefdramaturgin, Regisseurin, Studioleiterin und stellvertretende Intendantin in Halle

# Halle ist eine Theaterstadt

## JOHANNA SCHALL

Was ich für mich in der DDR interessant fand, jenseits von Berlin, folgte immer sehr persönlichen Grundentscheidungen. Ich bin viel rumgefahren, aber mein Fan-Ziel war halt Anklam, also Frank Castorf. Und dann bin ich später viel in Dresden gewesen, bei Wolfgang Engel. Es gab auch eine Gruppe, die ist immer wieder von Berlin nach Schwerin gefahren, zu Christoph Schroth, und eine andere Gruppe, die fuhr ganz viel nach Cottbus. Und es gab Sodann-Fans. Das war aber eher nicht so meins ...
Ich hatte mit achtzehn durch Zufall meine erste Castorf-Inszenierung gesehen, »Minna von Barnhelm«, noch in Senftenberg, und das hat mich derart geflasht, dass ich danach wirklich ganz brav überall mit hingewandert bin, wohin auch immer. Dadurch habe ich mit Halle nie viel zu tun gehabt. Aber man kannte sich natürlich.

Ich hatte immer mal wieder was gesehen, aber nicht so viel; ich kannte Katrin Sass, die lange in Halle war, Peter W. Bachmann und andere waren mir ein Begriff, ich habe mit Hilmar Eichhorn gespielt, hier in Berlin. Es gab ja auch welche, die immer nur in Berlin blieben, also ganz hochnäsig waren – aber dazu gehörte ich nicht. Ich habe mich schon viel umgeguckt.

Was Sodann da geschaffen hat, ist schon irre. Die »Alten« haben ja alle noch Maurerarbeiten gemacht und Handwerkerei und diese ganzen Umbauten und die Kantine und das Restaurant. Das ist ja eine kleine Theater-Stadt geworden! Und alles selber gemacht, neben den Proben. Halb freiwillig.

Bevor ich jetzt nach Halle ging, um zu inszenieren, sah ich zufällig in der Akademie der Künste eine Ausstellung von Ute Mahler; die hatte irgendwann Mitte der 80er Jahre Halle fotografiert, und zwar genau die Straße, durch die die Straßenbahn fährt, unten am Theater. Und das sieht aus wie direkt nach dem Krieg, mit diesem kleinen Komplex von Theater mittendrin. Sodann hat es geschafft, dass dieses Theater ein Zentrum in der Stadt wurde – und das war nicht leicht. Über seine politischen Ansichten kann man ja dieses und jenes denken.

Er hatte immer gute Schauspieler, Thomas Bading kam auch aus Halle, Falk Rockstroh, Bernd Stempel, Franziska Hayner ... sicher, das ist lange her, aber dennoch hat sich, was das betrifft, eigentlich nichts verändert. Meine Erfahrung jetzt ist ganz frisch, und sie war sehr schön.

Als das Deutsche Theater in den 80er Jahren renoviert wurde, bin ich Hilmar Eichhorn begegnet; Friedo Solter inszenierte im Saal der Akademie der Künste ein DDR-Werk: »Jutta oder die Kinder von Damutz«; über eine junge Mutter, die überfordert ist und ihre Kinder umbringt. Ein ziemliches Machwerk, das Stück, von Helmut Bez ... Ich weiß noch: Hilmar Eichhorn kam zur Probe und sagte: »Guten Tag, ich bin Hilmar Eichhorn, und die Szene da spielen wir in Magdeburg nackt!« Da war er noch in Magdeburg, und dort schon bei Sodann. Ein herrlicher Kollege. Bachmann und Brenner kenne ich noch als Studenten der Schauspielschule Berlin, Reinhard Straube auch, und Elke Richter natürlich.

Was mir während meiner Arbeit am nt und den Inszenierungen, die ich währenddessen dort gesehen hatte, auffiel, war die Tatsache, dass dieses Ensemble in allen Altersklassen so gut präsent ist. Mittlerweile gibt's ja (ob aus Kostengründen, ob aus Faulheit) Theater, wo es fast nur noch junge Schauspieler gibt – hier aber kommen vor allem die ganz jungen Studenten aus der Leipziger Hochschule des Studios dazu, und der Rest ist durchmischt. Das ist mir sehr angenehm aufgefallen.

Ich finde auch den Umgang innerhalb des Ensembles erstaunlich offen, gerade auch, wenn mal was zu meckern ist – da hab ich schon anderes erlebt.

Wie gesagt, Halle war immer eine Heimat für gute Schauspieler und Halle war und ist eine Theaterstadt, davon konnte ich mich jetzt überzeugen.

**JOHANNA SCHALL** / 1958 in Berlin geboren / Ausbildung in Berlin / Elevin am Kleist-Theater in Frankfurt an der Oder / 1984–1997 am Deutschen Theater in Berlin / seither freie Regisseurin / ab 2002 für fünf Jahre Schauspieldirektorin am Volkstheater in Rostock / 2020 Regiedebüt in Halle mit »Das Abschiedsdinner«

# Wenn es sich gut anfühlt, dann mach ich's

PAUL SODANN

Ich will, ich werde, naja, ich möchte Schauspieler werden. Das ist interessanter als jeglicher andere Beruf. Natürlich gibt's andere, die abwechslungsreich sind – aber ich bin halt mit und im Theater aufgewachsen, und das Zusammenleben hier, wie man miteinander umgeht, das ist unheimlich schön. Halt so familiär – das ist echt angenehm. Ich habe mich auf jede Probe krass gefreut. Man kann so viel Neues entdecken und ausprobieren. Ein anderer sein und sich vollkommen in ihn hineinversetzen, sowas wie »in Trance geraten« und alles um sich herum vergessen.

Klar, das ist auch ein unsicherer Job, wenn man nicht gleich an einem Theater genommen wird oder wieder entlassen wird.

Ich habe keinen Plan B. Es ist ja schwachsinnig, wenn man nicht das macht, was man gerne macht und liebt. Manchmal denke ich zu viel nach und schaffe Probleme, die es gar nicht gibt.

Natürlich mache ich die Schule zu Ende, aber Schule ist wie Schaukeln: Man ist beschäftigt, aber kommt nicht weiter.

**PAUL SODANN** / 2003 in Halle geboren / Antifaschist und bester Spieler beim Fußballturnier 2012 in Dresden / spielte 2017 »Wickie« im gleichnamigen Hoftheaterstück am neuen theater in Halle

Dieser Text stammt aus der Feder der oder des jeweils Porträtierten.

  Dieser Text entstand durch ein Interview und die anschließende Verschriftlichung durch Michael Laages.

  Dieser Text entstand in gemeinsamer Arbeit zwischen der oder dem Porträtierten und Michael Laages.

# Über mich ...

Ich bin ja tatsächlich als Fremder zur Arbeit an diesem Buch gekommen – geboren 1956 in Hannover und dort im Grunde seither geblieben, trotz zeitweiligen Wohn- und Arbeitsorten in Hamburg, Berlin und São Paulo. Halle war immer weit weg; bis 1989 sowieso, aber auch noch danach. Von Peter Sodanns Vierteljahrhundert in der Arbeit für sein neues theater habe ich definitiv gar nichts mitbekommen; erst im Wechsel zur Intendanz von Christoph Werner habe ich das nt gelegentlich besucht und als Theaterort wahrgenommen. Erst seit Matthias Brenner das Haus leitet, bin ich jetzt öfter da – ihn habe ich 1993 in Bremen kennengelernt, als er und Cornelia Heyse dort engagiert waren. Diese Generalignoranz der Sodann-Zeit gegenüber habe ich in den vergangenen Monaten allerdings als ziemlich großes Glück empfunden – so neugierig jedenfalls war ich sehr lange nicht mehr! Jedes theaterbiografische Gespräch über das Haus war ein Ereignis; die schwer vermeidliche Kritikerroutine aus über zwei Jahrzehnten Radiojournalismus für Deutschlandfunk, Deutschlandfunk Kultur und andere Medien war wie weggepustet. Wie sich da historische und biografische Details plötzlich zueinanderfügten und der Horizont hinter den einzelnen Geschichten kenntlich wurde: sensationell; in Übereinstimmung und/oder Widerspruch. Und meine Fremdheit konnte durchaus auch zum Scheitern führen; obwohl ich schon mal eine Bucharbeit in ähnlichem Stil riskiert hatte: über den zunächst mindestens genauso fremden Regisseur Fritz Marquardt. Jetzt, in Gespräch und ernsthafter Begegnung mit so vielen Menschen, die für dieses Theater gearbeitet haben und noch immer arbeiten, fühle ich mich zumindest ein bisschen zu Hause – ein schönes Gefühl.

Michael Laages

# ... und über mich

Geboren wurde ich 1971 in Halle an der Saale und habe einen 13-jährigen Sohn. Meine Familie und ich reisten 1984, nach mehrjährigen Schikanen der Stasi, nach Westdeutschland aus. Unter anderem waren meine Eltern ein Jahr politische Häftlinge, auch im »Roten Ochsen« in Halle. Meine Mutter verstarb leider vor über 20 Jahren an den Folgen dieser Haft. In meiner Jugend entdeckte ich die Liebe zur Fotografie, eine wortlose, wunderschöne und intensive Ausdrucksform. Nach meinem Abschluss in Fotografie machte ich mich 1996 selbstständig und bin seitdem freiberuflich tätig. Ich empfinde meinen Beruf als Privileg. Menschen auf diesem Weg begegnen zu dürfen, sie zu sehen und zu erleben, das ist ein Geschenk, eine große Bereicherung. Die vielen Kulissen, hinter welche ich schon blicken durfte ... alles machte mich immer nur neugieriger auf mehr. Meine Verbundenheit zu Halle ist geblieben, es gibt auch viele schöne Erinnerungen, z. B. Theaterbesuche als Kind und hier schließt sich der Kreis. So war ich auch zu Zeiten geschlossener Grenze und nach 1989 in Halle, um verbliebene Familie und Freunde zu besuchen. Eine sehr wertvolle Zeit. Herzlichen Dank, dass ich diese schöne Aufgabe für das nt ausführen durfte.

Katrin Denkewitz

# Herausgeberinnen & Herausgeber

**BERNHILD BENSE**, 1965 geboren, Diplom-Theaterwissenschaftlerin, Dramaturgin, Regieassistentin u. v. m.

**MATTHIAS BRENNER**, Jahrgang 1957, Ausbildung an der Staatlichen Schauspielschule in Berlin, danach Schauspielengagements in Annaberg Buchholz, am Schauspielhaus Erfurt, in Weimar, am Schillertheater, in Frankfurt/Main, in Bremen und am Schauspielhaus Leipzig, ab 2000 freischaffend als Regisseur fürs Theater, zudem Schauspieler für Film und Fernsehen, 2010 vom Aufsichtsrat der Bühnen Halle zum Intendanten des neuen theater Halle berufen.

**MAREIKE HELBING**, Jahrgang 1981, seit der Spielzeit 2018/2019 Assistentin des Intendanten

**RONNY JAKUBASCHK**, geboren 1979 in Wilhelm-Pieck-Stadt Guben, aufgewachsen in Cottbus, studierte Regie und Dramaturgie in Salzburg und Leipzig, nach einem ersten festen Engagement am Berliner Maxim Gorki Theater und zehn Jahren freischaffender Tätigkeit im Schauspiel & Musiktheater seit der Spielzeit 2018/2019 Regisseur im Ensemble des neuen theater Halle.

**KATJA PODZIMSKI**, Jahrgang 1979, Kultur- und Medienwissenschaftlerin, Gestalttherapeutin, war freiberuflich tätig als Projektleiterin und Dozentin im Bereich Kulturelle Bildung und wissenschaftliche Mitarbeiterin im Prorektorat für Studium und Lehre der Hochschule Merseburg, arbeitet seit 2014 an der Theater, Oper und Orchester GmbH Halle.

**DIETMAR RAHNEFELD**, Jahrgang 1959, seit 1984 am neuen theater Halle, Regisseur

**BEATE ROTHMANN**, Jahrgang 1971, Ausbildung zur Krankenschwester, seit 1992 Arbeit an unterschiedlichen Theatern, so z. B. am Theater Nordhausen, Theater Erfurt und am Staatstheater Schwerin hauptsächlich als Regieassistent und Inspizient, zeichnete aber auch für einige Regien und Choreographien verantwortlich, seit 2018 als Produktionsleiterin an der Theater, Oper und Orchester GmbH Halle.

**SOPHIE SCHERER**, 1981 in Halle geboren, Studium der Theaterwissenschaft sowie Kulturwissenschaften in Leipzig, Hospitanz am DT Berlin, seit der Spielzeit 2014/2015 als Dramaturgin am neuen theater Halle, 2017 Regiedebüt mit der Inszenierung »Unterwerfung«.

**MAIK SCHIBELIUS**, 1972 in Halle geboren, im Umfeld traditioneller Marionettenspieler aufgewachsen, Tonmeister, Meister für Veranstaltungstechnik, Künstler, Musiker und Videokreativer, seit 1995 am neuen theater, ehrenamtliche Unterstützung beispielsweise der Bürgerstiftung Halle mit der HallRollen Trilogie (Förderpreis Aktive Bürgerschaft) sowie hallescher Tanz- und Theatergruppen.

Das Buch erscheint aus Anlass des 40. Jahrestages
des neuen theater Halle am 8. April 2021.

### Herausgeberin
Theater, Oper und Orchester GmbH Halle, Universitätsring 24, 06108 Halle (Saale)

### Redaktionsgremium
Bernhild Bense, Matthias Brenner, Mareike Helbing, Ronny Jakubaschk, Katja Podzimski,
Dietmar Rahnefeld, Beate Rothmann, Sophie Scherer, Maik Schibelius

### Texte
Michael Laages, Redaktionsgremium, Porträtierte

### Fotografien
Katrin Denkewitz

Kontakt: info@buehnen-halle.de
Sie finden uns im Internet unter: www.buehnen-halle.de

---

*Bibliografische Information der Deutschen Nationalbibliothek*
Die Deutsche Nationalbibliothek registriert diese Publikation in der Deutschen Nationalbibliografie;
detaillierte bibliografische Daten im Internet unter https://d-nb.de.

Alle Rechte vorbehalten.
Das Werk ist urheberrechtlich geschützt. Jede Verwertung außerhalb der Freigrenzen des Urheberrechts
ist ohne Zustimmung des Verlages unzulässig und strafbar. Das gilt insbesondere für Vervielfältigungen,
Übersetzungen, Mikroverfilmungen und die Einspeicherung und Verarbeitung in elektronischen Systemen.

1. Auflage
© 2021 mdv Mitteldeutscher Verlag GmbH, Halle (Saale)
www.mitteldeutscherverlag.de

Gesamtherstellung: Mitteldeutscher Verlag, Halle (Saale)
Layout und Satz: Stefanie Bader, Leipzig

ISBN 978-3-96311-477-9

Printed in the EU